范传棋　著

粮食安全视角下中国玉米阶段性供给过剩的形成及调控政策研究

Study on the Formation and Regulation Policy of Corn
Phased Oversupply from the Perspective of Food Security in China

中国财经出版传媒集团
经济科学出版社
Economic Science Press

图书在版编目（CIP）数据

粮食安全视角下中国玉米阶段性供给过剩的形成及
调控政策研究/范传棋著．—北京：经济科学出版社，
2022.7

ISBN 978 - 7 - 5218 - 3850 - 3

Ⅰ.①粮…　Ⅱ.①范…　Ⅲ.①玉米 - 供求关系 - 粮食
安全 - 研究 - 中国　Ⅳ.①F326.11

中国版本图书馆 CIP 数据核字（2022）第 123246 号

责任编辑：杨　洋　赵　岩
责任校对：王苗苗
责任印制：范　艳

粮食安全视角下中国玉米阶段性供给过剩的形成及调控政策研究

范传棋　著

经济科学出版社出版、发行　新华书店经销

社址：北京市海淀区阜成路甲 28 号　邮编：100142

总编部电话：010 - 88191217　发行部电话：010 - 88191522

网址：www. esp. com. cn

电子邮箱：esp@ esp. com. cn

天猫网店：经济科学出版社旗舰店

网址：http://jjkxcbs. tmall. com

北京季蜂印刷有限公司印装

710×1000　16 开　12.75 印张　200000 字

2022 年 10 月第 1 版　2022 年 10 月第 1 次印刷

ISBN 978 - 7 - 5218 - 3850 - 3　定价：50.00 元

（图书出现印装问题，本社负责调换。电话：010 - 88191510）

（版权所有　侵权必究　打击盗版　举报热线：010 - 88191661

QQ：2242791300　营销中心电话：010 - 88191537

电子邮箱：dbts@ esp. com. cn）

前　言

Preface

　　2007～2015 年，中国出现严重的玉米供给过剩，表现为中国玉米库存量迅猛增长。2007 年中国玉米库存量为 3841 万吨，2015 年增长到 24129 万吨（为当年玉米消费量的 129%），年均增幅高达 25.82%。对比现实数据发现以下现象：（1）中国玉米播种面积迅猛增长，大豆、棉花等玉米替代作物播种面积急剧下降。（2）中国肉蛋奶总产量逐年增加，玉米消费量却出现下降，同时玉米替代品（高粱、大麦、DDGS①、木薯）进口量出现爆发式增长。（3）中国小麦饲用消费量呈快速增长态势。值得关注的是，此次玉米供给过剩与欧美发达国家粮食过剩不同，也不同于中国曾经出现过的粮食供给过剩。现阶段中国玉米供给过剩伴随着大豆、棉花、糖料等品种短缺，持续时间短、重复周期长，具有明显的阶段性特征。除此之外，此次玉米供给过剩是在粮食市场化和贸易自由化环境中出现的。本书结合上述三种现象，在梳理农产品供需理论、农产品价格形成及波动理论、农户经济决策行为理论、国际贸易理论、成本收益理论的基础上，基于"生产消费两个环节、国内国外两种市场"的研究视角，构建了"国内生产替代、国外进口替代和国内消费替代"的三维分析框架，阐述中国玉米供给过剩的形成原因，在此基础上，提出调控玉米供给过剩的政策。玉米临时收储价格大幅上涨后，在生产和消费领域引发三重替代：第一，国内生产替代。玉米挤占玉米替代作物，导致玉米播种面积迅猛增长，玉米

----

　　①　干酒糟（distillers dried grains with solubles，DDGS）。

供给量增加。第二，国外进口替代。饲料企业大规模使用进口的高粱、大麦、DDGS、木薯替代国内玉米，玉米替代品冲击国内玉米消费市场，导致国内玉米消费量减少，变相增加玉米供给量。第三，国内消费替代。小麦作为饲料原料替代国内玉米，挤占国内玉米消费市场，导致国内玉米供给量增加。

借鉴多市场模型中价格影响机制思维，使用农产品供需平衡表分类法，采用群组差异分解法，分析了中国玉米供给侧和消费侧变化情况。通过对比临时收储政策实施前后的玉米库存量变化数据、同期中美两国玉米库存量以及库存消费比数据、联合国粮农组织（FAO）18%库存消费比标准和30%库存消费比标准数据，证实了玉米临时收储时期中国玉米供给过剩的基本现实。通过结构分解发现：玉米临时收储政策实施后，中国玉米消费总量出现疲软状态，玉米饲用消费量、工业消费量、出口消费量均出现下降。与此同时，中国玉米供给量出现迅猛增长态势，玉米总产量和进口量均出现快速增长局面。基于营养价值法和历史外推法预测了2020年和2025年中国的玉米供求格局，证实现阶段中国出现的玉米供给过剩是"短暂性、阶段性"过剩。随着人口增长、玉米生产政策调整以及玉米库存消耗，中国玉米供给过剩现象将会消失。通过对玉米临时收储时期、1983~1984年、1996~1998年玉米供给过剩的比较，发现临时收储时期玉米供给过剩具有明显的新特征。例如，出现价格延缓和累积下跌效应，处于世界贸易组织（WTO）框架下的自由贸易环境，面临更加复杂的贸易与深加工政策。

玉米临时收储价格大幅上涨引发农户种植替代行为，是中国玉米供给过剩的重要原因。玉米临时收储价格提高后，改变了玉米与玉米替代作物价格比，农户做出"多种玉米，少种玉米替代作物"的生产决策，导致国内玉米生产过度，引发国内玉米供给过剩。Nerlove模型实证结果表明：玉米价格上涨导致玉米与玉米替代作物价格比上升，引起玉米播种面积快速增长以及玉米替代作物（大豆、小麦、棉花、油菜、花生）播种面积急剧下降。使用"反事实"模拟方法，测算了玉米对玉米替代作物的替代量。测算结果显示：2007~2015年，玉米对大豆、小麦、棉花、油菜以及花生的年均替代量分别为242.30万吨、154.63万吨、138.23万吨、12.18万吨和 65.53 万吨。玉米临时收储时期玉米对玉米替代作物的替代总量为 5516 万吨，年均替代量达到 612.9 万吨，约占玉米年均库存增量的 25%。

玉米替代品大量进口冲击国内玉米消费市场，是国内玉米供给过剩的另一重要原因。本书分析了玉米饲用消费量下降和玉米替代品饲用消费量增加的基本现实，采用有效能值比较方法测算了玉米对玉米替代品的替代量。然后，建立联立方程模型实证分析了玉米替代品进口量与价格红利之间的关系。最后，使用玉米临时收储价格变化后的新数据进一步证实了两者之间的关系。作物育种技术、饲料加工技术、原料脱毒技术的进步，以及高粱、大麦、DDGS、木薯不受进口配额限制，使得玉米替代品作为饲料原料大规模替代玉米成为可能。然而，价格红利的存在是玉米替代品大量进口的根本原因。玉米替代品进口量与玉米替代品价格红利呈正相关关系，国内玉米饲用消费量与玉米替代品价格红利呈负相关关系。玉米替代品价格红利上升将会带来玉米替代品进口量的增加以及国内玉米饲用消费量减少；同理，玉米替代品价格红利下降将会引起玉米替代品进口量减少和国内玉米饲用消费量增加。在保持高粱、大麦、DDGS、木薯进口无配额政策条件下，如果高粱、大麦、DDGS、木薯价格红利稳定在 0.32 元、0.14 元、0.35 元、0.52 元的水平，玉米替代品进口量将会处于"只为品种调剂而进口"的均衡水平。如果出现更高的玉米替代品价格红利，就会引起玉米替代品进口迅猛增长。技术突破后，高粱、大麦、DDGS、木薯成为新的饲料原料，改变了原有的饲料原料供应格局。然而，上述品种国内供给能力严重不足，主要依靠国外进口。玉米替代品进口来源地太集中，暴露出较大的粮食进口风险。

小麦作为饲料原料大量替代国内玉米，是中国玉米供给过剩的又一重要原因。本书分析了小麦作为饲料原料替代玉米的条件及可行性，构建了修正的 Peterson 算法，估算小麦替代玉米的理论价格比。然后基于营养目标和成本节约测算思路，测算了小麦对玉米的替代数量，并采用阈值自回归方法证实了小麦替代玉米数量与小麦玉米价格比之间的变动关系。最后，使用玉米价格下跌后的新数据进一步证实了两者之间的关系。经测算，2009~2015 年小麦替代玉米的总量为 7601 万吨（其中 2011 年和 2012 年替代量最大，年均替代量高达 1267 万吨）。如果不存在替代现象，将有

10%～30%的库存增量玉米被饲料行业消费。小麦玉米价格比变化（变小）是引起上述替代现象的根本原因。玉米临时收储价格上涨，打破了小麦与玉米原有的均衡价格比，饲料企业提高小麦添加比例，减少玉米使用量。小麦玉米价格比与小麦替代玉米数量呈反向变动关系。小麦玉米价格比下降会引起小麦替代玉米的数量增加；同理，小麦玉米价格比上升会带来小麦替代玉米的数量减少。在不考虑其他因素情况下（政策因素、物流因素），小麦玉米价格比是影响小麦替代玉米数量的关键因素。

调控政策主要集中于调整玉米价格政策、玉米生产政策、玉米深加工政策。改革玉米临时收储政策，实现玉米价格市场化；调控农产品比价关系，引导农产品种植结构调整；利用玉米价格政策，调控玉米替代品进口量；利用玉米小麦价格比，调控玉米小麦饲用消费量；执行短期的玉米播种面积调减政策；放宽燃料乙醇加工限制政策，消化国内玉米库存。对于中国玉米供给过剩问题的研究，未来的探索方向可以聚焦于以下四方面：（1）纳入非价格因素解释中国玉米供给过剩问题。（2）创建衡量玉米供给过剩的定量指标和数理模型。（3）引入动态随机一般均衡模型（DSGE）考察各种不同的外生随机冲击对中国玉米供给过剩的影响。（4）中国未来的饲料粮供给新格局是什么？

本书创新之处主要体现在以下两方面：（1）尝试性地构建了"国内生产替代、国外进口替代、国内消费替代"的三维分析框架，基于"生产消费两个环节，国内国外两个市场"的研究视角，系统阐述了中国玉米供给过剩的原因。（2）改良和创造了新算法。在分析国内生产替代与玉米供给过剩关系时，改良了 Nerlove 模型，改良后的 Nerlove 模型充分考虑了多种替代作物以及区域耕作制度的差异性，更加真实反映了农户的多样化种植决策以及玉米与玉米替代作物真实的挤占关系。在分析国外进口替代与玉米供给过剩关系时，采用有效能值比较方法计算玉米替代品对玉米的替代系数，并创造了价格红利的新算法，包含替代系数的新算法更能逼真刻画出玉米与玉米替代品的真实价差。在分析国内消费替代与玉米供给过剩关系时，改良了 Peterson 算法，改良后的 Peterson 算法排除了玉米和豆粕中包含的赖氨酸和蛋氨酸成分价格，避免了营养成分价格的重复计算，采用改良后的 Peterson 算法测算小麦替代玉米的理论价格比，更加科学和准确。

目 录
Contents

第1章

导　论

1.1　问题的提出

　　2004 年以来，中国粮食连年丰收。然而，粮食增产背后却隐藏着过剩危机，主要表现为部分大宗农产品严重过剩。2015 年国家粮食局在《关于切实做好 2015 年秋粮收购和秋季安全储粮工作并开展专项检查的通知》中用了"两个前所未有①"来描述当前中国承受的粮食库存压力。2015 年中国三大主粮库存量达到 39921 万吨，相当于当年粮食产量的 70.90%②，其中玉米库存积压最为严重。2015 年中国玉米库存量高达 24129 万吨③，为当年玉米消费量的 1.29 倍④。玉米库存量高引发了系列问题。如国家财

---

　　① "两个前所未有"是指各类粮油仓储企业储存的粮食数量之大前所未有，储存在露天和简易存储设施中的国家政策性粮食数量之多也前所未有。"两个前所未有"出自国家粮食局办公室《关于切实做好 2015 年秋粮收购和秋季安全储粮工作并开展专项检查的通知》。

　　② 资料来源：三大主粮库存量数据来源于布瑞克数据库；三大主粮产量数据来源于国家统计局。

　　③ 2008 年玉米临时收储政策实施后，中国玉米库存量开始出现快速增长，八年净增加 23130 万吨，年均增长率达到 24.27%。

　　④ 资料来源：玉米消费量数据来源于布瑞克数据库。

政负担重[①]、农民收益难保障、国内外玉米价格倒挂等。玉米供给过剩问题成为当时中国农业供给侧结构性改革中的难点和热点。

值得注意的是,中国玉米供给过剩具有特殊性。第一,与欧美发达国家的粮食过剩不同。欧美发达国家玉米供给过剩伴随着其他品种剩余,持续时间长、重复周期短,属于长期性供给过剩,这种过剩是因为欧美发达国家拥有强大的农业生产力,是机械化、集约化、技术化、专业化带来的必然结果。中国玉米供给过剩伴随着大豆、棉花、糖料等品种短缺,持续时间短、重复周期长,属于阶段性过剩,这种过剩与价格政策密切相关。第二,与曾经出现过的玉米供给过剩不同。这次过剩是在粮食市场化和贸易自由化环境中发生的。改革开放后,中国曾出现过两次玉米供给过剩。第一次发生在1983~1984年,由家庭联产承包责任制引发。第二次发生在1996~1998年,由粮价上涨和粮食流通渠道落后引发。上述两次玉米过剩均是在粮食市场管制和国际贸易非自由化背景下出现的。

对比玉米临时收储时期[②]的现实数据,发现三个现象:(1)中国玉米播种面积迅猛增长,大豆、棉花等玉米替代作物播种面积急剧下降。2007年玉米播种面积44216万亩,2015年为57179万亩,增长29.36%。2007年大豆播种面积13131万亩,2015年为9759万亩,减少25.68%。2007年棉花播种面积8889万亩,2015年为5695万亩,减少35.93%[③]。(2)中国肉蛋奶总产量逐年增加,而玉米饲用消费量却出现下降,同时中国玉米替代品(高粱、大麦、DDGS、木薯)进口量爆发式增长。2007年中国肉蛋奶总产量13028万吨,2015年为15494万吨,增长18.93%。2012年中国玉米饲用消费量13160万吨,2015年为12220万吨,下降7.14%。2009年中国进口玉米替代品853万吨,2015年为3763万吨,增长341.15%[④]。(3)中国小麦饲用消费量增长迅猛。2007年中国小麦饲用消费量800万吨,2012年达到2500万吨,增长212.5%。直到2015年才恢复到2007年

---

① 根据国务院发展研究中心程国强研究员测算,中国2.5亿吨库存玉米每年需要耗费库存成本630亿元。

② 玉米临时收储时期指2007~2015年。

③ 玉米、大豆、棉花播种面积数据来源于国家统计局网站。

④ 资料来源:中国海关总署网站。

的水平[①]。

综上所述，本书认为中国出现的玉米供给过剩与"国内生产替代、国外进口替代、国内消费替代"密切相关。玉米临时收储价格大幅上涨[②]，打破了玉米与玉米替代作物（大豆、棉花等）原有的均衡价格比，导致农民多种玉米少种玉米替代作物，玉米对玉米替代作物的挤占，形成了国内生产替代。高粱、大麦、DDGS、木薯等玉米替代品大量进口，进入饲料行业替代国内玉米，形成了国外进口替代。除此之外，玉米价格上涨引发大量小麦作为饲料原料替代国内玉米，形成了国内消费替代。基于上述思考，本书立足农业供给侧结构性改革大背景，运用农产品供需理论、农产品价格形成及波动理论、农户经济决策理论、农产品国际贸易理论以及成本收益理论，从价格机制以及传导路径视角，构建"国内生产替代、国外进口替代、国内消费替代"的三维分析框架，解释玉米临时收储政策实施后，中国玉米供给过剩的形成原因，并结合中国玉米生产、消费、进口面临的新形势，提出以去库存为导向的玉米调控政策，为保障中国农产品供求平衡和玉米供给侧结构性改革提供决策参考。

1.2　研究意义

1.2.1　理论意义

国外学者主要基于新自由经济学思想讨论农产品过剩问题，以伊齐基尔（Ezekiel）、索尼娅·阿里亚斯（Sonia Arias）、普利康（Main Pou-liquen）、拉达博等（Radabaugh et al.）为代表，他们认为农产品过剩是在自由市场环境下市场主体根据价格信号相互博弈的结果，属于正常的市场

---

　① 资料来源：美国农业部网站。

　② 玉米临时收储政策带来的问题与玉米临时收储价格大幅上涨有关。2008 年黑龙江、吉林、辽宁和内蒙古玉米临时收储价格分别为每吨 1480 元、1500 元和 1520 元，2013 年上涨为每吨 2220 元、2240 元和 2260 元，涨幅达到 50%、49.33% 和 48.68%。为缓解玉米库存压力，2015 年国家宣布将玉米临时收储价格统一下调至每吨 2000 元。资料来源：根据国家发展和改革委员会网站公开资料整理，详细数据见附录 1。

周期性现象，所以解决农产品过剩问题应该依靠市场的自我调节能力。然而这种思想在中国并不完全适用。第一，中国玉米供给过剩的形成原因与西方发达国家完全不同，这从本质上决定了中国玉米供给过剩的特殊性。第二，中国与西方发达国家市场发育程度存在差异，中国农产品市场机制的作用受到政策性因素影响较大，因此中国玉米供给过剩的形成过程及原因比西方发达国家更加复杂。

国内学者对粮食（玉米）供给过剩的研究主要是基于封闭经济环境下的理论视角和理论方法，重点关注价格引导下农户生产行为对玉米供给过剩的影响，没有考虑中国加入 WTO 后，进口的玉米替代品对中国玉米消费市场的冲击。除此之外，国内研究并未充分考虑小麦替代玉米对玉米供给过剩的影响。正因如此，本书构建了一种全新的理论分析框架，既区别于国外学者对农产品供给过剩的解释思路，也不同于多数国内学者的分析范式。

"三重替代"分析框架是基于开放经济条件下，考虑国内生产替代、国外进口替代和国内消费替代的综合分析方法。主要从国内外两个市场，生产消费两个环节阐述 2007～2015 年中国玉米供给过剩的形成原因。书中国外进口替代和国内生产替代分析，对于丰富农产品国际贸易理论、成本收益理论以及农产品供给侧结构性改革思想具有一定理论意义。

1.2.2　现实意义

研究中国玉米供给过剩具有较大现实意义，主要体现在相关政策导向上，包括玉米生产政策、玉米价格政策、玉米替代品进口政策等。

第一，研究中国玉米供给过剩，有利于农业种植结构调整。玉米与玉米替代作物价格比变化导致玉米挤占玉米替代作物，是中国玉米供给过剩的重要原因。玉米与玉米替代作物之间存在一种均衡价格比关系，正是这种价格比关系决定了农户的生产决策行为。均衡的农产品价格比关系可以形成合理的种植结构，扭曲的农产品价格比关系会造成种植结构失衡。研究农产品之间的价格比关系对调整种植结构具有现实意义。除此之外，玉米去库存背景下研究中国玉米供给过剩，对解决玉米生产过度问题具有政策意义。

第二，研究中国玉米供给过剩，有利于完善中国玉米替代品进口政策。进口的高粱、大麦、DDGS、木薯等玉米替代品冲击国内玉米消费市场，是中国玉米供给过剩的另一重要原因。中国加入世界贸易组织（WTO）时，重点考虑了对主粮的保护，然而当时并未将高粱、大麦、DDGS、木薯等品种纳入保护范围，也没有签署相应的应急条款。随着国内外粮食价差拉大，玉米替代品因价格优势大量涌入，冲击国内玉米消费市场，造成国内玉米供给过剩。研究中国玉米供给过剩，对于调整和完善中国玉米替代品进口政策具有现实意义。

第三，研究中国玉米供给过剩，有利于正确理解中国未来饲料粮变化新趋势。非常规饲料原料替代国内玉米，是中国玉米供给过剩的又一重要原因。随着制种技术、饲料加工技术的发展，高粱、大麦、DDGS、木薯以及小麦成为饲用玉米的常态补充。当合适价格比（价格差）出现时，上述品种会在饲料行业中替代国内玉米，非常规饲料原料对玉米的替代将会改变现有的饲料粮供给格局。正确把握中国未来饲料粮的变化趋势，并制定相应措施，对于保障中国饲料粮安全具有现实意义。

1.3 概念界定

1.3.1 国内生产替代

国内生产替代是指在种植领域玉米挤占玉米替代作物，玉米播种面积迅速增长，玉米替代作物播种面积急剧下降，导致国内玉米产量增加，造成国内玉米供给过剩。本书玉米替代作物是指在同一区域与玉米具有重叠的生长期，且与玉米在生产要素上存在竞争关系的粮食作物或经济作物。具体而言，主要指大豆、棉花、小麦、油菜和花生。随着国内玉米价格上涨，玉米与大豆、棉花、小麦、油菜以及花生原有的平衡价格比关系发生改变，种植玉米变得更加有利可图，农民逐步减少或者放弃种植玉米替代作物，相应增加玉米种植面积。正是农民的替代种植行为，引发国内玉米过度生产，造成国内玉米供给过剩。国内生产替代是三维分析框架的第一部分，主要从生产环节考察玉米价格上涨引发的玉米过度生产对国内玉米供给过剩的影响。

1.3.2　国外进口替代

国外进口替代是指在消费领域进口的玉米替代品替代国内玉米，大量进口替代品冲击国内玉米消费市场，导致国内玉米无法被消费，被迫囤积在粮库中，造成国内玉米供给过剩。本书玉米替代品是指在饲料行业中能够替代玉米的饲料原料且在玉米临时收储时期被大量进口的品种。具体而言，主要指高粱、大麦、DDGS 和木薯。在国际粮价相对稳定背景下，玉米临时收储价格不断上涨，拉大了国内外粮食价格差，国内饲料企业开始大量使用进口的高粱、大麦、DDGS 和木薯替代饲料配方中的玉米，引发国外进口替代，国内玉米市场被国外进口替代品挤占，导致国内玉米供给过剩。国内进口替代是三维分析框架的第二部分，主要从消费环节和国际市场考察玉米价格上涨引发的玉米替代品进口对国内玉米供给过剩的影响。

1.3.3　国内消费替代

国内消费替代是指在消费领域国内小麦替代国内玉米，玉米消费市场被小麦挤占，导致玉米消费量下降，造成国内玉米供给过剩。传统上，小麦与玉米存在均衡的价格比关系。玉米临时收储价格不断上涨，打破了小麦与玉米稳定的价格比关系。玉米价格上涨后小麦玉米价格比下降，引发饲料企业大量使用小麦替代国内玉米（特别是在小麦和玉米双重主产区），小麦饲用消费量迅猛增加，玉米饲用消费量快速下滑。国内消费替代是三维分析框架的第三部分，主要从消费环节和国内市场考察玉米价格上涨引发的小麦替代玉米对国内玉米供给过剩的影响。

1.3.4　农产品价格比

农产品价格比是指同一时间、同一市场不同农产品品种之间形成的价格比关系，反映了各个品种曾经的价格信息和要素资源配置情况，本质上体现了各品种之间的收益关系，是国家调控农产品价格和调整农业种植结构的重要依据。本书定义了两种价格比：第一，集贸市场价格比。用于分析"国内消费替代"（饲料行业中小麦对玉米的替代）与"玉米供给过剩"之间的关系，选用玉米和小麦集贸市场价格，因为饲料企业采购原料时主要考虑市场价格，因此集贸市场价格更能真实影响饲料企业的采购决策。第二，农产品平均出售价格比。用于分析"国内生产替代"（生产领域玉米对玉米替代作物的挤占）与"玉米供给过剩"之间的关系，选用玉米、大豆、棉花、小麦、油菜、花生的50公斤主产品平均销售价格（全国农产品成本收益资料汇编），因为农民种植决策主要受农产品销售价格影响，因此平均销售价格更能真实反映价格变化对农户生产决策的影响。

1.3.5 价格红利

价格红利是指玉米替代品价格红利，表示在饲料中使用玉米替代品相比使用国内玉米产生的成本节约，主要包括高粱价格红利、大麦价格红利、DDGS价格红利、木薯价格红利。本书价格红利并非是玉米替代品与国内玉米的价差，而是包含了替代系数的价差（在饲料中玉米替代品替代玉米的系数），上述算法更能体现饲料行业中玉米替代品替代国内玉米的真实价差。价格红利主要用于分析"国外进口替代"与"玉米供给过剩"之间的关系。

1.3.6 Peterson 理论价格

Peterson理论价格是指使用某种饲料原料替代另外一种饲料原料，在不增加饲料成本前提下，替代原料应具备的理论市场价格。主要思想是选取玉米作为能量饲料原料代表，豆粕作为蛋白饲料原料代表，以玉米、豆粕的能量和蛋白质含量以及市场价格为基础，构建饲料原料营养成分与饲料原料价格之间的对应关系，以此测算饲料配方中不同饲料原料（如玉米、豆粕、小麦、大麦、高粱、棉粕等）之间的理论替代价格。

1.4 文献综述

1.4.1 关于农产品供给过剩概念的研究

"过剩"是一个常见的经济学概念，某种商品过剩是指该商品的供求关系在特定时期出现实际供给大于有效需求的一种经济状态。基于上述定义，过剩概念延伸出两层含义：第一，"过剩"本质上是一种市场供求关系，是一种市场现象，是市场经济环境中的客观存在。第二，无论哪种形式的过剩都是相对的，或许相对于某个时期，或许相对于某种需求[①]。国内外研究中专门界定"玉米供给过剩"的文献比较少，目前对玉米供给过剩的概念并没有形成系统性的论述。国外发达国家往往是几类农产品供给过剩同时出现，因此国外文献中多以"复合品种概念"的形式囊括了对"单一品种概念"的界定。例如，对玉米、小麦、大豆供给过剩的定义往往是从"农产品供给过剩（excess supply of agricultural products）"的概念中剥离和延伸出来的，不管是原生的（复合品种）还是延伸的（单一品种）过剩概念都是基于市场供求关系定义的。国外学者普遍使用"剩余农产品"的概念来描述农产品供给过剩的经济现象。"剩余农产品"的概念最先出现在美国第 480 号公法，上述法律条款将"剩余农产品"定义为在美国生产并由美国政府或者私人占有的超过国内需求量、国家必要储备量以及出口量总和的任何数量、任何品种的农产品[②]。根据美国第 480 号公法，"玉米供给过剩"的概念可以被表述为在国内生产并由国家或者个人（公司、社会组织等）占有的超过国内玉米需求量、国家必备玉米库存量以及玉米出口量总和的剩余玉米。美国第 480 号公法从农产品产地、农产品占有主体、农产品供需关系、农产品储备情况以及农产品出口需求五方面综合界定了"剩余农产品"的概

---

① 卢锋. 应当实事求是地认识粮食过剩问题—对"粮食无过剩"观点的质疑 [J]. 管理世界，1993（3）：168 – 175.

② Agricultural Trade Development and Assistance Act of 1954.

念。伊齐基尔（Ezekiel）认为"剩余农产品"的定义应该包含农产品的供求信息、农产品的价格信息以及农民的福利状况，基于上述思想他将"剩余农产品"定义为一种经济状态：农产品供给数量足够多、能够充分满足市场需求，而且农产品价格迅速下降至某个较低水平，在此价格水平及其以下大多数农民出现亏损，农产品价格下降严重影响农民的生活水平以及经济福利[①]。还有学者认为"剩余农产品"的概念相当复杂，如果考虑不同国家经济发展水平以及市场发育程度的差异性，目前无法对"剩余农产品"的概念形成一致性表述。威尔金森（Wilkinson）指出"剩余农产品"的概念很难阐述，但他认为出现"剩余农产品"时能够被民众直观感知到，例如，当媒体纷纷报道"黄油山""葡萄酒湖泊"的时候，也就意味着出现了"剩余农产品"[②]。

正是由于有学者认为界定"农产品供给过剩"的概念有难度，便产生了对"农产品供给过剩"概念的延伸理解，即通过经济现象来解释和判断农产品供给过剩的事实。莫善文系统分析了中国台湾地区历史上农产品供给情况，认为当农产品堆积如山、农产品价格持续下跌、农民收入急剧减少、农产品无法外销但也无力抵挡农产品进口时，表明中国台湾地区正在经历农产品供给过剩[③]。袁日进研究了江苏省农产品供给过剩问题，他指出江苏省出现农产品供给过剩时，会面临农产品积压问题、农民卖粮难问题，并伴随着农产品价格下跌、农民种植收益减少、农民生产积极性下降、农产品大量进口[④]。有研究基于宏观经济视角，分析了全国性农产品供给过剩问题，认为全国性农产品供给过剩主要表现为全国性卖粮困难、全国性粮价大幅下跌、国家粮库爆满、粮食露天堆放[⑤]。熊性美考察了第二次世界大战后美国农产品供给过剩问题，认为农产品烂市、农产品价

① M. Ezekiel. A Statistical Examination of the Problem of Handling Annual Surpluses of Nonperishable Farm Products [J]. Journal of Farm Economics, 1929, 11 (2): 193 – 226.

② Wilkinson G. Agricultural and the Problem of Surplus. Luxembourg: Office for Official Publications of the European Communities, 1980.

③ 莫善文. 台湾农业的转型及其发展策略 [J]. 世界热带农业信息, 1995 (12): 11.

④ 袁日进. 过剩：农业发展新挑战 [J]. 江苏政协, 2000 (3): 10 – 11.

⑤ 编辑部. 过剩·支农·周转金—当前财政支农热点访谈录 [J]. 农村财政与财务, 1998 (5): 8 – 10.

格下降、农民收入减少、大批中小农户破产是美国农产品供给过剩的四大表现①。当市场上出现农产品供给过剩时，往往会通过特定的经济现象表现出来，通过观察农产品供给过剩的表现形式，可以深刻理解农产品供给过剩的概念和内涵。

1.4.2 关于"有无过剩"与"阶段性过剩"的研究

关于中国农产品供给过剩问题的讨论，学术界重点围绕这两方面展开。第一，中国农产品"有无过剩"。第二，与欧美农业发达国家相比，中国农产品过剩的特殊性表现在哪些方面。

1. 关于中国农产品"有无过剩"的争论

关于"中国农产品有无过剩"的问题，学术界目前尚未达成共识。宋国青在 1984 年最先提出"粮食过剩"的观点，判断依据是 1978 年以来中国粮食的超常规增长以及 1984 年全国出现的"卖粮难""运粮难"以及"储粮难"问题②。由于长期处在计划经济时代，受短缺经济惯性思维影响，当时"粮食过剩"的观点并未引起重视。陈玉斌分析了 1979～1984 年中国农产品供给情况，发现这一时期出现了以粮食和棉花为代表的农产品供给过剩问题，他将这个现象归结于家庭联产承包责任制的生产激励③。卢锋批判了"粮食无过剩"的观点，指出多数人误解了"粮食过剩"的概念，不是"粮食多到消费不完"才是粮食过剩，"粮食过剩"是一种实际供给大于有效需求的状态，并且这种状态具有相对性和条件性（特定时期和特定需求），以"未来粮食需求会增长，可能出现粮食缺口"以及"中国人均粮食消费水平远远不及欧美发达国家"的观点去否认"粮食过剩"

---

① 熊性美. 第二次世界大战后美国农业危机的一些资料和几个问题 [J]. 经济研究, 1961 (6)：31 -48.
② 中国农村发展问题研究组编. 农村、经济、社会. 第4卷 [M]. 北京：农村读物出版社, 1986.
③ 陈玉斌. 农产品交易市场化是我国农业走出困境的根本途径 [J]. 中国农村经济, 1989 (6)：50 -54.

的事实是不可取的①。《中国农村经济》评论员认为，1984 年和 1990 年全国出现"卖粮难"和"打白条"的现象，说明粮食供给超过粮食需求，当时出现了粮食过剩的情况，判定粮食是否过剩只能根据市场经济法则，使用非市场经济法则认为"中国粮食没有过剩或者绝对不会过剩"的观点不符合中国的实际情况②。王益锋等认为中国出现农产品供给过剩符合市场经济法则，经过多年的发展，中国农产品产量已经能够满足现实需求，中国告别了短缺时代，农产品已从卖方市场转变为买方市场，中国农产品出现"略有剩余"是供求形势的常态③。有学者认为中国是否出现粮食供给过剩的情况，可以根据粮食产量和粮食库存量去判定。郭兆信研究了中国粮食产量和库存量的变化特征，认为当前较高的粮食产量和库存量预示着中国正在经历粮食供给过剩④。潘石等指出中国已发生过三次粮食过剩，我们需要正确认识粮食的属性，粮食本质上就是商品，在市场经济条件下，供求关系受价值规律支配，出现供给过剩属于正常现象⑤。周成英等从粮食供给情况、消费需求情况、粮食销售和库存情况证实了当前中国粮食供给过剩的事实⑥。道日娜等研究表明，中国农产品供给过剩是比较普遍的，特别是蔬菜、牛奶、瓜果等品种最容易出现供给过剩的情况，然而过剩之后往往又供给不足⑦。

　　"粮食过剩"的观点提出后引起了部分学者的质疑，反驳"粮食过剩"的依据主要有以下几点：(1) 粮食销售困难不代表粮食过剩。(2) 中国人口增长以及食品消费结构升级，未来会出现粮食缺口。(3) 由于流通环节滞后，粮食被滞留在生产环节，容易让人产生粮食过剩的错觉。(4) 与欧

————————————

　　① 卢锋. 应当实事求是地认识粮食过剩问题—对"粮食无过剩"观点的质疑 [J]. 管理世界, 1993 (3): 168 – 175.

　　② 中国农村经济评论员. 冷静分析形势 慎重采取对策 [J]. 中国农村经济, 1993 (4): 10 – 15.

　　③ 王益锋, 石冠峰. 市场经济与西部农产品的市场开拓 [J]. 农业经济问题, 2000(9): 48 – 51.

　　④ 郭兆信. 大力调整农业结构是解决农民增收问题的根本出路 [J]. 理论前沿, 2000 (24): 8 – 10.

　　⑤ 潘石, 石文凯. 通货紧缩与农业结构调整 [J]. 管理世界, 2000 (6): 206 – 207.

　　⑥ 周成英, 黄兆康. 辩证地看待目前我国粮食过剩现象 [J]. 中国粮食经济, 2001 (2): 14 – 17.

　　⑦ 道日娜, 王求名. 农产品滞销现象与供给过剩的形成机制 [J]. 农业经济与管理, 2012 (3): 64 – 69.

美发达国家相比，中国人均粮食消费量远远不足。陈保全等指出当前"卖粮难"并不能说明中国粮食产量已超过粮食需求量，与发达国家相比中国还相当落后[①]。丁声俊认为由于中国农业基础设施落后、粮食流通体制不完善，某些区域出现"卖粮难""运粮难"问题，但绝不能将这种区域性粮食过剩误以为真正的粮食过剩，他指出中国粮食生产基础薄弱、产量不稳定、人均粮食占有量低、全国粮食消费水平不高，远远达不到粮食过剩的程度[②]。周志祥认为当前的粮食过剩是不真实的，由于城乡居民消费水平低，畜牧业与食品加工业发展滞后，生产出来的粮食暂时无法进入消费领域[③]。路南研究了1979～1984年中国农产品供给问题，批判了"农产品供给过剩"的主流观点，认为1979～1984年只是某些品种过多，然而剩余量远未达到供给过剩的程度，因此农产品供给过剩的观点并不切合实际[④]。刘桂才分析了中国的粮食品质、饲料转化率以及粮食消费总水平，认为现阶段中国粮食只是结构性过剩，国内粮食生产尚不能满足市场需要[⑤]。田野认为根据粮食产量较快增长、出现"卖粮难"问题、国家粮库爆满就盲目认为中国粮食已经过剩，粮食短缺时代已经终结，是不科学的、是极其片面的[⑥]。查贵庭等否认了"中国粮食过剩"的观点，认为中国粮食过剩实属虚假过剩和扭曲过剩，反映出中国农业发展滞后以及种植结构失衡的基本现实[⑦]。闫旭通过比较中国和欧美国家农产品人均占有情况，认为中国农产品人均占有量与欧美发达国家相差甚远，中国农产品远远没有达到供给过剩的水平，现阶段农产品过多是虚假现象，是由普通农产品供给过多造成的[⑧]。朱信凯等指出，中国不但没有出现粮食过剩，反而存在巨大的粮食缺口（功能性缺口、质量性缺口、增长速度缺口和结构

① 陈保全，李永君. 试论解决农民"卖粮难"的途径 [J]. 河南财经学院学报，1985 (1)：43-45，57.

② 丁声俊. 对我国粮食发展战略的理论探讨 [J]. 理论月刊，1986 (3)：13-19.

③ 周志祥. 试论我国当前的粮食生产 [J]. 中国农村经济，1986 (7)：9-12.

④ 路南. 12年来农产品价格调整和改革中的几个问题 [J]. 中国物价，1992 (2)：5-10.

⑤ 刘桂才. 近年我国粮价下跌成因及趋势分析 [J]. 中国粮食经济，2000 (1)：15-19.

⑥ 田野. 关于粮食安全问题的几个认识误区 [J]. 中国农村经济，2004 (3)：64-68.

⑦ 查贵庭，卜卫兵. 我国"农产品过剩"现象产生的原因及对策分析 [J]. 西南农业大学学报（社会科学版），2005 (1)：8-10.

⑧ 闫旭. 浅析农产品过剩原因及对策 [J] 企业研究，2012 (8)：159-160.

性缺口)①。

2. 关于中国农产品"阶段性过剩"的研究

支持"中国农产品(粮食)过剩"的文献中,多数学者认同"中国农产品(粮食)过剩具有特殊性"的观点,表现为"阶段性过剩"的供给特征。"阶段性过剩"是指某种商品在特定时期和特定环境中出现供给大于需求的状态,然而这种状态并不具有持久性,会随着时间和环境的变化发生改变。刘召勇等基于粮食流通视角,认为中国粮食供给过剩是粮食流通体制不完善引起的。随着粮食流通体制的改革,粮食供给过剩现象会消失,当前粮食供给过剩具有短暂性和阶段性特征②。于强研究了中国农产品供给问题,发现中国农产品供给并不满足全域性以及持久性的买方市场特征,认为中国农产品供给过剩属于局部性、结构性、阶段性过剩③。谢晓凌指出中国是在特定时期、特定环境中出现粮食供给过剩的,当特定需求发生变化后供给过剩的状态自然会改变④。刘树华等认为中国农产品供给过剩具有阶段性、结构性、区域性、季节性特征⑤。李广厚认为中国现阶段的粮食供给过剩具有阶段性和结构性特征,供给过剩的状态不具有持久性和长期性⑥。韩光明认为当前粮食过剩是阶段性过剩,这种过剩是暂时的、过渡性的,中国人多地少的国情决定了不可能发生持久过剩的情况⑦。尹成杰认为需要正确看待当前农产品供给过剩问题,中国是在消费水平低下时出现的供给过剩。随着居民消费水平提高,农产品供给过剩的现象会消失⑧。田野认为现阶段粮食过剩是阶段性过剩,与欧美农业发达

① 朱信凯,夏薇. 论新常态下的粮食安全:中国粮食真的过剩了吗?[J]. 华中农业大学学报(社会科学版),2015 (6):1-10.

② 刘召勇,冯先志,杜书云,张广宇. 农产品流通体系建设中的缺陷及其完善对策 [J]. 中国农村经济,1998 (4):29-32.

③ 于强,郑进. 农产品供求衔接的思路和对策 [J]. 福建改革,1998 (11):26-27.

④ 谢晓凌. 充分重视粮食的相对过剩问题 [J]. 宏观经济管理,1999 (11):28-31.

⑤ 刘树华,何剑. 实施四大战略 推进农业产业化 [J]. 江苏农村经济,1999 (9):17.

⑥ 李广厚. 对粮食过剩现象的思考 [J]. 理论建设,2000 (6):30-33.

⑦ 韩光明. 正确认识我国当前粮食过剩状况确保国家粮食安全 [J]. 农村经济,2003 (8):12-13.

⑧ 尹成杰. 实现农产品长期有效供给 [J]. 瞭望新闻周刊,2003 (13):18-19.

国家长期性供给过剩截然不同①。杨志宏认为现阶段中国玉米和棉花供给过剩,大豆与白糖供给不足,中国普通低端产品供给过剩,名优高端产品供给不足。随着农业种植结构的调整,供给过剩与供给不足并存的局面会得到改善②。还有学者从福利视角考察了中国农产品供给过剩的"质量"特征。方仁祥认为中国城乡居民虽然暂时解决了温饱问题,但目前中国农业发展仍然面临诸多问题,当前出现的农产品供给过剩只能算"温饱型过剩"。夏永祥指出,中国在恩格尔系数较大情况下出现农产品供给过剩,表明中国农产品供给过剩属于低层次、温饱型供给过剩③。

1.4.3 关于农产品供给过剩原因的研究

1. 价格政策视角下的原因分析

国内外众多学者认同"价格支持政策引发了农产品供给过剩"的观点。裘元伦研究了欧共体粮食提价政策与欧共体粮食供给过剩之间的关系,认为欧共体粮食提价政策在解决粮食不足方面发挥了重要的作用,但同时也为粮食供给过剩留下了隐患④。厉为民研究了 1952~1953 年法国粮食供给过剩问题,认为这是由法国新的粮食价格政策引起的,法国政府规定从 1947 年起粮食按成本定价,其他粮食品种根据小麦价格按比例浮动⑤。詹武等考察了英国农业价格政策,认为英国执行的目标价格、保证价格以及门槛价格是刺激粮食产量剧增的关键因素⑥。索尼娅·阿里亚斯(Sonia Arias)研究发现,欧盟统一价格政策是导致其农产品供给过剩的主要原因,上述政策会促使某些成员国实施价格补贴,而这种行为将

---

① 田野. 关于粮食安全问题的几个认识误区 [J]. 中国农村经济, 2004 (3): 64 - 68.

② 杨志宏. 金融与农业供给侧改革 [J]. 中国金融, 2016 (24): 87 - 88.

③ 夏永祥, 余其刚. 从非农产业结构看我国农业和农村的经济结构调整 [J]. 中国软科学, 2001 (8): 115 - 118.

④ 裘元伦. 欧洲经济共同体的农产品生产过剩问题 [J]. 国际经济评论, 1981 (7): 71 - 73.

⑤ 厉为民. 法国粮食的短缺、过剩及其对策 [J]. 农业技术经济, 1986 (1): 47 - 48.

⑥ 詹武, 张留征, 兰瑨. 英国农业政策的两次战略性转变—赴英考察农业经济报告之一 [J]. 中国农村经济, 1987 (4): 54 - 59, 65.

提高农民生产积极性，引起农产品产量过度增长，带来供给过剩问题①。何东霞认为家庭联产承包责任制的推行以及 1979 年提高农副产品收购价是造成 1984 年粮食供给过剩的主要原因②。潜之研究了 1965 年印度粮食供给过剩问题，认为印度政府长期执行最低收购价格政策以及几次调价导致印度粮食供给过剩③。丁声俊指出欧共体在创立初期，通过提高粮食价格的政策刺激了生产，持久的提价政策造成了粮食供给过剩④。普利康（Main Pouliquen）的研究支持上述观点，他认为欧盟农产品供给过剩与农产品价格保护政策直接相关，最低价格支持政策引导更多劳动力、生产要素投入农业，加上欧盟集约化的生产方式，带来农产品供给过剩问题⑤。谭向勇等认为 1994 年粮食产量下滑后，国家将粮食订购价格提高了 40%，并承诺议购价随行就市，上述政策直接导致 1996 年粮食供给过剩，出现"卖粮难""运粮难""储粮难"问题⑥。温厉等认为 1996 年粮食供给过剩是由 1993 年的调整政策引起的，粮价大幅上涨后刺激了农户扩大生产⑦。冷崇左指出，农户的种植决策取决于粮食预期价格，1979 年以来的提价政策激发了农户生产热情，粮食产量出现迅猛增长⑧。温铁军研究发现，改革开放以来几次提高粮价都带来了粮食供给过剩。例如，1979 年提高粮食收购价，1984 年出现粮食过剩；1993 年提高粮食订购价，1996 年出现"卖粮难"问题⑨。杜一等认为，1996～1998 年粮食供给过剩与政府给出的较高保护价有关，并且与政府扩大粮食收购范围也有关系⑩。

---

　　① Sonia Arias. The Common Agricultural Policy and Developing Countiies：A Normative Analysis [D]．Washington DC：School for Summer and Continuing Education Georgetown University，1992.

　　② 何东霞．有效需求不足是我国农产品卖难的根源 [J]．中国农村经济，1993（11）：33 - 36.

　　③ 潜之．印度粮食过剩带来的问题 [J]．国际展望，1995（18）：15 - 16.

　　④ 丁声俊．欧共体的粮食宏观调控政策 [J]．世界农业，1994（1）：4 - 6.

　　⑤ Main Pouliquen. Agricultural Enlargement of the EU under Agenda 2000：Surplus of Farm Labour Versus Surplus of Farm Products [J]．Economics of Transitio，1988，6（2）：505 - 522.

　　⑥ 谭向勇，孙琛．目前粮食过剩问题及对策 [J]．农业经济问题，1999（7）：9 - 13.

　　⑦ 温厉，温铁军．中国粮食供给周期与价格比较分析 [J]．管理世界，1997（4）：169 - 176.

　　⑧ 冷崇左．试论粮食价格对粮食供求的影响 [J]．粮食问题研究，1998（9）：19 - 21.

　　⑨ 温铁军．我国粮食供求的 5 次波动 [J]．科技导报，1999（1）：3 - 5.

　　⑩ 杜一，仲禾．我国粮食过剩问题与粮食市场化改革—首都经济学界研讨会综述 [J]．经济纵横，1999（5）：4 - 6.

王小鲁认为粮价和粮食供给关系是相互影响的，粮价的重大调整必然引起粮食产量的剧烈波动①。李科研究发现，粮食保护价收购政策以及1992年和1994年两次大幅度提价，是1996年粮食供给过剩的主要原因②。郑风田认为政府的价格干预政策是农产品供给过剩的主要原因，中国以"粮食产量"为核心的提价政策极易造成粮食供求关系失衡，通常表现为粮食供给过剩③。张建杰对比了最低收购价格在执行区与非执行区的政策效果，认为最低收购价格政策是造成粮食产量剧增的重要因素④。王启云认为，1979年以来的粮食供给过剩都是粮价上涨引发的。1979年粮食、油料等18种农产品提价22.4%，1979年粮食供给过剩量达到300万吨。1985年粮改之后粮食价格回升，导致1990年粮食供给过剩⑤。卢锋认为粮价会根据供求关系上调或下降，目的在于刺激产量增长或者引导产量减少。1983～1984年的"库容危机"与粮食提价政策密切相关⑥。李建明研究发现，价格支持政策必然引发过度种植行为，带来农产品供给过剩问题⑦。夏仲明分析了1979～1984年中国粮食价格与粮食产量的关系，认为1979年国家将统购价提高20%、超购价在统购价基础上再提高50%，造成了1984年的粮食供给过剩⑧。费雷德·盖尔（Fred Gale）分析了2004～2009年中国粮食供给问题，认为粮食价格政策和粮食出口政策是造成中国粮食供给过剩的根本原因。该时期中国玉米价格比美国高20%～40%，国内企业从海外进口饲料原料替代国内玉米。除此之外，中国限制粮食出口的政策使得国内玉米无法外销而被迫囤积在粮库里⑨。张爽研究发现，粮食最低收购价格是影响粮食供给的主要因素，最低收购价形成的粮食价格

① 王小鲁. 中国粮食市场的波动与政府干预 [J]. 经济学（季刊），2001（1）：171－192.

② 李科. 为什么我国粮食出现供过于求 [J]. 中国粮食经济，2001（1）：38.

③ 郑风田. 粮食安全政策代价与中国农业的国际化 [J]. 经济理论与经济管理，2002（10）：72－75.

④ 张建杰. 对粮食最低收购价政策效果的评价 [J]. 经济经纬，2003（5）：19－24.

⑤ 王启云. 农产品"卖难"问题透视 [J]. 湖南科技大学学报（社会科学版），2005（5）：76－79.

⑥ 卢锋. 粮食市场化改革：需要重新思考的认识前提 [J]. 中国农村观察，1997（3）：7－16.

⑦ 李建明. 试论转型时期我国农业补贴政策及其转变 [D]. 太原：山西大学，2007.

⑧ 夏仲明. 三十年粮改的回顾与思考 [J]. 粮食问题研究，2008（4）：44－48.

⑨ 资料来源：美国农业部网站.

预期，会影响到农户的生产决策，最低收购价格不断提高会导致农户过度生产①。樊琦等认为最低收购价格支撑了粮食价格刚性上涨，粮食价格上涨又引发了农户过度生产，造成粮食供给过剩②。杨晓东等认为国家逐年提高粮食收购价格，向生产者传递出粮价只涨不跌的价格信号，最后导致粮食供给过剩③。马晓河指出，政府在生产环节的补贴以及流通环节的高价收购政策，是造成粮食供给过剩的主要原因④。

2. 科技进步视角下的原因分析

许多学者认为科技进步是造成农产品供给过剩的主要原因。孙赛英等指出中国农业已取得长足发展，农产品从短缺状态逐步过渡到供给过剩状态，这种转变主要归功于农业科技的进步⑤。欧美国家的研究表明，科技进步对于农产品供给过剩具有显著影响。沃勒斯坦（Wallerstein）研究发现，科技进步是美国农产品供给过剩的根本原因。20世纪30~40年代，美国作物育种技术、种植技术的发展使得农产品产量快速增长，远远超过了美国民众需求量，引发严重的农产品供给过剩问题⑥。在人口增长缓慢、粮食消费需求不足条件下，作物遗传技术进步、化肥和农药的普及以及农业机械化水平提高，不可避免造成欧美国家农产品供给过剩⑦。林海将欧共体农产品供给过剩的原因归结为其持续数十年的农业技术进步⑧。刘林森研究了欧美国家农产品供给过剩问题，认为高科技在农业领域的应用

---

① 张爽. 粮食最低收购价政策对主产区农户供给行为影响的实证研究 [J]. 经济评论, 2013 (1)：130 - 136.

② 樊琦，祁华清. 国内外粮价倒挂下粮食价格调控方式转型研究 [J]. 宏观经济研究, 2015 (9)：23 - 31, 97.

③ 杨晓东，李晓. 供给侧改革背景下粮食"去库存"的难点与对策—以国家临储玉米为例 [J]. 社会科学家, 2017 (5)：59 - 64.

④ 马晓河. 粮食结构性供给过剩造成"新"的不安全 [J]. 黑龙江粮食, 2017 (6)：13 - 16.

⑤ 孙赛英，陈红儿. 论农业特色经济与农产品差异型竞争 [J]. 农业现代化研究, 2003 (5)：347 - 350.

⑥ Mitchel B. Wallerstein. Food for War Food for Peace: United States Food Aid in a Global Context [M]. The MIT Press, Cambridge, MA, 1980.

⑦ 姜黎华，凌耀初. 美欧农业政策比较研究 [J]. 上海社会科学院学术季刊, 1994 (1)：70 - 78.

⑧ 林海. 欧共体农业政策的改革 [J]. 国际贸易, 1993 (8)：3, 12 - 13.

是欧美国家农产品供给过剩的根本原因①。

3. 其他视角下的原因分析

还有学者从其他视角论述了农产品供给过剩的原因。波平（Popping）认为农业发达国家必然经历农产品供给过剩，因为这些国家人口增长引起的农产品需求量远远低于农业生产能力提高带来的农产品增长量②。国会文摘无署名文章指出，美国农产品供给过剩主要有三个原因：第一，农产品进口国自给自足能力逐渐增强，对美国农产品需求减少。第二，外国人更喜欢本国的传统食物。第三，美国农产品价格没有优势，欠发达国家的居民消费不起③。塔马拉雅克希（Thamarajakshi）基于农业和非农业部门视角，认为某个国家某个阶段农产品供给过剩，主要是因为该国农业部门和非农业部门发展不平衡。例如，食品加工业和服务业的发展与农业生产要素（化肥、农药、柴油和电力）投入不匹配、不同步，使得农产品滞留在生产领域而无法进入消费市场，形成农产品供给过剩的局面④。乌特萨·帕特克（Utsa Patnaik）研究了印度 1960~1961 年农产品供给过剩问题，乌特萨·帕特奈克认为土地占有形式的变化是导致农产品供给过剩的根源，他认为耕地从小农场向大农场集中后，规模经营导致农产品产量提升，在需求稳定情况下引发农产品供给过剩问题⑤。莫尔哈特（Morehart）分析了墨西哥农产品供给问题，认为农业生产组织变迁是引起农产品供给过剩的核心因素，不断优化的农业生产组织形式导致农产品产量快速增长⑥。纽曼（Newman）指出某些突发因素也会导致农产品

---

① 刘林森. 德国如何调整农业结构 [J]. 农村工作通讯，2000（10）：25.

② F. Popping. Problems of Surplus Production in a Developed Agriculture [J]. Agrekon, 1962, (4): 32 - 37.

③ The Problem of Surplus Farm Products [J]. Congressional Digest, 1962, 41 (4): 104.

④ R. Thamarajakshi. Intersectoral Terms of Trade and Marketed Surplus of Agricultural Produce, 1951 - 1952 to. 1965 - 1966 [J]. Economic and Political Weekly, 1969, 4 (26): A91 - A102.

⑤ Utsa Patnaik. Contribution to the Output and Marketable Surplus of Agricultural Products by Cultivating Groups in India, 1960 - 61 [J]. Economic and Political Weekly, 1975, 10 (52): A90 - A93, A95 - A97, A99 - A100.

⑥ Christopher Morehart. The Potentiality and the Consequences of Surplus: Agricultural Production and Institutional Transformation in the Northern Basin of Mexico [J]. Economic Anthropology, 2014 (1): 154 - 166.

供给过剩。例如，美国历史上出现的动物疫情，致使牲畜存栏量大幅减少，养殖户谷物饲料需求急剧下降，引发当年美国农产品供给过剩问题①。冯和巴布考克（Feng & Babcock）研究了石油价格与玉米产量之间的关系，认为石油价格上涨是造成玉米供给过剩的根源②。

徐超指出美国得天独厚的自然条件、先进的农业科技，是造成美国农产品供给过剩的关键因素③。刘克祥分析了 1931 年中国出现的农产品供给过剩，认为这次过剩属于输入性过剩。为缓解经济危机带来的影响，西方国家向中国大量倾销农产品，导致中国粮食价格大幅下降，农产品销售变得极其困难，中国出现表面的、虚假的粮食供给过剩现象④。温铁军等指出第二次农业现代化以及工商资本下乡，提升了中国农业生产能力，引起中国农产品供给过剩⑤。黄泰元基于农产品加工视角，认为食品加工业落后是中国农产品供给过剩的主要原因⑥。中国农业新闻网指出，中国现阶段农产品供给过剩主要与农产品进口有关，中国农产品生产成本高、市场价格高，无法抵挡国外农产品进入，进口的农产品挤占国内消费市场，导致中国农产品供给过剩⑦。中国农产品供给过剩是种植结构不合理以及贫困引发的需求不足⑧。第一次世界大战时期资本主义国家的棉花、小麦、食糖、咖啡均不同程度出现供给过剩，这主要与战争时期道路封锁、物资运输困难有关⑨。欧美国家普遍采用高投入和集约化生产方式，是导致欧

① Newman J. U. S. Corn Prices Fall to Five – Year Low on Higher-than-Expected Supplies；Wheat Prices Also Falling, While Soybeans Are Up ［N］. Wall Street Journal（Online），New York, N. Y, 2014 – 9 – 30.

② Feng Hongli, Babcock, Bruce A. "Impacts of Ethanol on Planted Acreage in Market Equilibrium"（2008）. CARD Working Papers. Paper 505.

③ 徐超. 美国对农产品过剩的对策［J］. 价格月刊，1992（2）：36.

④ 刘克祥. 1927 –1937 年的地价变动与土地买卖—30 年代土地问题研究之一［J］. 中国经济史研究，2000（1）：21 –36, 54.

⑤ 温铁军，张俊娜，杜洁. 农业现代化的发展路径与方向问题［J］. 中国延安干部学院学报，2005，8（3）：105 –110.

⑥ 黄泰元. 农产品深加工的"蓝海之路"［J］. 中国市场，2008（25）：50 –51.

⑦ 中国农业新闻网. 统筹两个市场关键要确保进口适度适当可靠［J］. 黑龙江粮食，2016（4）：11 –12.

⑧ 查贵庭，卜卫兵. 我国"农产品过剩"现象产生的原因及对策分析［J］. 西南农业大学学报（社会科学版），2005（1）：8 –10.

⑨ 齐仁译. 战后农产品过剩问题及其救济方案［J］. 贸易月刊，1943（10）：19 –50.

美国家农产品供给过剩的重要原因[①]。

1.4.4　关于农产品供给过剩调控政策的研究

1. 美国调控农产品供给过剩的政策选择

农产品供给过剩问题长期困扰美国，目前美国已经形成了完整的应对措施，美国政府最先采用干预政策解决农产品积压问题。

（1）粮食援助计划。拉达博（Radabaugh）认为美国解决农产品过剩的最优方案是实施政府干预政策，主张美国政府出资组建剩余农产品转让公司，通过粮食援助计划解决"剩余农产品"以及稳定国内粮食市场价格[②]。美国处理"剩余农产品"由对外政策和对内政策两部分组成。对外政策主要指粮食援助计划，上述政策形成于19世纪初期，核心思想是将"剩余农产品"赠与友好国家。美国粮食援助政策在解决农产品供给过剩、稳定国内农产品市场价格、保护农场主种植收益以及有效服务国家外交等方面发挥了重要的作用[③]。费雪（Fisher）建立了新的理论分析框架评估粮食援助政策，他认为美国粮食援助计划产生了良好的效果，有效缓解了国内粮食供给过剩问题[④]。粮食援助计划的衍生政策为"物物交换"计划，美国用"剩余农产品"换取贫穷国家的工业原料。国会文摘无署名文章指出美国"物物交换"计划不仅有效化解了美国农产品供给过剩问题，还为美国补充了亟须的工业原料。作为对外政策的重要补充，扩大农产品出口也是解决"剩余农产品"的另一条途径。美国出台了系列鼓励农产品出口的措施。例如，农产品出口价格支持政策，美国通过补贴推动

---

① 刘雪英. 我国农业可持续发展的策略选择［J］. 安徽农业大学学报（社科版），1997，61（2）：15 - 17.

② Radabaugh J. H. The Economics of Surplus Poultry Products Removal Under the Agricultural Adjustment Act［J］. Poultry Science，1938（1）：54 - 57.

③ 李首男. 应对获得性粮食危机的国际现金援助分析［D］. 北京：北京外国语大学，2016；丁翌. 浅谈二战后美国的粮食援助［J］. 济宁师范专科学校学报，2006（4）：23 - 26.

④ Franklin M. Fisher. A Theoretical Analysis of the Impact of Food Surplus Disposal on Agricultural Production in Recipient Countries［J］. Journal of Farm Economics，1996（4）：863 - 875.

"剩余农产品"贸易输出,避免和缓解了农产品供给过剩危机①。

（2）控制农产品产量政策。沃克（Walker）认为控制产量才能从根源上解决美国农产品过剩问题,他极力主张推行"国内自愿分配计划",先由国家确定国内农产品种植总面积,然后与农民签署种植协议,按比例削减过剩农产品播种面积,对支持削减播种面积的农场主给予财政补助②。1929~1933年美国大危机时期,农产品全面过剩引发农业危机,美国应对措施主要有实施政府收购制度、稳定市场价格,限制农产品播种面积、控制农产品产量,销毁部分剩余农产品③,其中效果最为显著的是限制农产品播种面积。此后美国农业部部长亨利·华莱士建立了政府干预农产品市场的应急制度,特别是农产品生产控制政策,有效避免了自由主义带来的盲目生产④。美国处理"剩余农产品"的对外政策一旦失效,削减播种面积将成为解决农产品供给过剩的优选措施。例如,19世纪50年代艾森豪威尔向国会建议削减棉花35%的播种面积⑤,后来国会通过了上述提案,在全美削减农产品播种面积,对农场主给予财政补贴,有效解决了农产品供给过剩问题⑥⑦。

（3）休耕计划和粮食储备计划。休耕计划和粮食储备计划被誉为美国化解农产品过剩的两大法宝。美国政府根据农产品消费量、出口量、储备量确定休耕面积,与农场主签订协议执行休耕计划。美国政府还会提供税收、金融、财政优惠政策引导农场主执行粮食储备计划,一是为了缓解农产品供给过剩矛盾,二是避免集中售粮引发的价格波动⑧。紧急情况下,美国政府还会大规模采购剩余农产品,缓解供给过剩带来的压力。然而政府采购政策并未从根本上解决供给过剩问题,只是将剩余农产品从农场主

---

① 翁鸣. 美国农业谈判的目标、策略及其影响因素 [J]. 国际贸易, 2007 (12)：43-48.
② Walker J. Samuel Henry A. Wallace and American Foreign Policy. Greenwood Press, 1976：30-31.
③ 王慧英."剩余品"时代美国的对外粮食援助政策 [J]. 世界历史, 2006 (2)：12-20, 159.
④ 王祖奇. 亨利·A. 华莱士与罗斯福新政农业改革 [J]. 历史教学问题, 2011 (5)：69-75.
⑤ 美国今年以大量限制耕地面积、减少生产来减轻农产品过剩危机. 新华社新闻稿1954第1348期, P35.
⑥ 陈兆兴. 美国农业危机继续恶化 [J]. 世界知识, 1960 (12)：19-20.
⑦ 黄达伟. 美国农业保护政策对我国的启示 [J]. 亚太经济, 2001 (5)：29-32.
⑧ 冉崇明. 美国农业：如何在市场经济中实现政府目标? [J]. 理论与改革, 1995 (1)：44-46.

储备转变为政府储备①。

（4）拓宽农产品消费渠道。有学者认为拓宽消费渠道是解决"剩余农产品"的有效途径。波平（Popping）指出美国将长期面临"剩余农产品"问题，认为有必要建立常态化制度解决上述问题，例如，通过公共机构或者准公共机构向学校、老人、失业者发放食物券，既能扩大国内粮食消费，又能解决粮食供给过剩问题②。李正信认为寻求消费热点是化解农产品供给过剩的有效选择，例如，当玉米出现供给过剩时，可将玉米用于制造塑料产品或者燃料乙醇③。还有学者认为支持燃料乙醇业的发展，对化解美国农产品供给过剩具有重要意义。哈利和大卫（Harry & David）分析了乙醇消费税与乙醇产量、玉米库存量之间的关系，他们指出美国农产品是否过剩与乙醇消费税高度相关，较低的乙醇消费税有利于减少玉米过剩带来的压力④。具元宇和理查德·泰勒（Koo & Taylor）建立全球多商品模拟模型，研究乙醇产量变化与玉米过剩问题，他们认为乙醇产业耗费了美国 40% 的玉米，因此发展乙醇产业是解决美国玉米过剩的最佳途径⑤。卢汉斯基和蒙克斯（Luchansky & Monks）认为，提高燃料乙醇消费补贴，有利于缓解美国玉米过剩问题⑥。

（5）其他相关措施。如农产品贷款担保计划、自由贸易政策、发展环保农业等。冷雪梅认为，通过农产品贷款担保计划能够化解美国农产品过剩危机。例如，20 世纪 80 年代对伊拉克的贷款计划，虽然存在很大风险，但迫于国内农产品供给过剩压力，美国依然愿意冒险开辟伊拉克

① 刘鹏．"丰裕社会"期间美国农业经济二元状态分析 [J]．世界农业，2013（6）：28 - 31.

② F. Popping. Problems of Surplus Production in a Developed Agriculture [J]. Agrekon, 1962 (4): 32 - 37.

③ 李正信．玉米做餐具 大豆制机油 [N]．中国石化报，2000 - 6 - 21 (4).

④ Harry de Gorter, David R. Just. The Welfare Economics of an Excise-Tax Exemption for Biofuels [Z]. Working Paper: Cornell University, Ithaca, New York 14853 - 7801 USA.

⑤ Won W. Koo, Richard Taylor. An Economic Analysis of Corn - Based Ethanol Production [R]. Fargo, North Dakota: North Dakota State University, 2008.

⑥ Matthew S. Luchansky, James Monks. Supply and Demand Elasticities in the U. S. Ethanol Fuel Market [J]. Energy Economics, 2009 (31): 403 - 410.

农产品销售市场[①]。戈尔丁和赫拉赫（Goldin & Kherallah）指出自由贸易政策才是化解美国农产品供给过剩的根本途径。他们认为实际上全球范围内不存在农产品过剩问题，只是有些国家过多（例如，美国和欧盟国家），有些国家过少（例如，非洲国家和阿拉伯地区），只要消除贸易保护政策，欧美国家的农产品过剩问题就会迎刃而解[②]。刘雪英指出解决美国农产品供给过剩的关键在于支持环保农业的发展，引导农场主走低投入环保农业道路，减少农药以及化肥使用量，既能防止农产品供给过剩也能保护环境[③]。

2. 欧洲调控农产品供给过剩的政策选择

（1）调整农产品价格政策。欧洲国家应对农产品供给过剩的核心思路是调整农产品价格。刘景江认为统一价格政策是欧共体农产品供给过剩的根源，因此废除一致性价格政策是化解欧共体农产品供给过剩的关键。除此之外，其他辅助性政策也相当重要[④]。姜黎华等指出化解欧共体农产品供给过剩的核心政策是降低保护价格，然而单一的价格政策根本无法达到最佳效果，必须同时实施休耕计划[⑤]。张迎红给出了解决欧共体农产品供给过剩的方案，主要是改革传统的农业政策，尤其是价格支持政策，将农产品价格支持转变为定额种植补贴，这样能够减少农产品产量增长[⑥]。李忠研究了欧共体农产品供给过剩问题，认为欧共体长期面临"剩余农产品"问题，主要是因为农产品价格支持条款，上述政策会加重农产品供给过剩问题[⑦]。

① 冷雪梅. 20世纪80年代美国对伊拉克农业贸易政策论析 [J]. 东北师大学报（哲学社会科学版）[J]. 2009（1）：31-37.
② Goldin I, Kherallah M. The Uruguay Round and International Trade in Agricultural Products: Implications for Arab Countries [R]. Washington DC: International Monetary Fund, 1996.
③ 刘雪英. 我国农业可持续发展的策略选择 [J]. 安徽农业大学学报（社科版），1997，6（2）：15-17.
④ 刘景江. 欧共体的农产品价格政策 [J]. 价格理论与实践，1991（12）：30-34.
⑤ 姜黎华，凌耀初. 美欧农业政策比较研究 [J]. 上海社会科学院学术季刊，1994（1）：70-78.
⑥ 张迎红. 欧盟未来农业改革的框架 [J]. 国际展望，1996（15）：20-21.
⑦ 李忠. 简析麦克萨里改革 [J]. 欧洲，2001（1）：51-57，109.

（2）降低农业补贴政策。欧共体高额的农业补贴政策是诱发农产品供给过剩的重要因素。谷津分析了欧共体的农业补贴政策，发现高额的农业补贴激发了农民的生产积极性，欧共体持久、过度的农业补贴引发农产品供给过剩[①]。

（3）控制过剩产量政策。减少产量是化解欧盟农产品供给过剩的有效措施，主要包括限额生产、征收过剩农产品税、削减农业预算、耕地非农化、休耕政策等。付岩岩提出欧盟通过制定种植配额、征收过剩农产品税以及削减农业预算，可以有效防止和解决农产品供给过剩问题[②]。戴蓬军指出粗放经营和耕地非农化是控制农产品产量的有效途径，也是化解欧盟农产品供给过剩的快速方案[③]。德国媒体认为多数人推崇的"剩余农产品税"以及"出口奖励"政策并无实际意义，而限制耕种面积和强行休耕政策才是化解农产品供给过剩的根本出路[④]。德国媒体还提倡把削减耕种面积与环保事业结合起来，利用欧洲农产品供给过剩的机会，将多余耕地用于环保事业，既控制了产量又保护了环境[⑤]。20 世纪 80 年代，法国提出发展环保农业，用于解决国内出现的农产品供给过剩问题[⑥]。

（4）其他相关政策。如贸易政策、农产品升级政策、农民组织化政策。张桐研究了世界农产品贸易形势与格局，认为贸易政策是化解欧共体农产品供给过剩的优选方案，主要是限制进口、鼓励出口，通过国际市场消化"剩余农产品"[⑦]。还有学者提出农产品升级能够应对农产品供给过剩问题，"剩余农产品"通常是普通、低档产品。通过提升质量和档次，推广新技术、淘汰次优产品是解决农产品供给过剩的有效方式[⑧]。刘林森认

① 谷津. 农业危机加剧美欧经济矛盾 [J]. 世界知识，1985（15）：10.

② 付岩岩. 欧盟共同农业政策的演变及启示 [J]. 世界农业，2013（9）：54 – 57.

③ 戴蓬军. 欧盟共同农业政策的新改革 [J]. 农业经济问题，2001（10）：61 – 63.

④ 德国《地平线》文章《欧洲共同市场减少农产品过剩的方针》，参考资料，1998 第 22883 期 P75 – 77。

⑤ 德国报纸主张利用欧洲农产品过剩之机抽出耕地作环保之用。

⑥ 李志明. 法国的环境保护型农业 [J]. 农牧情报研究，1993（6）：22 – 28.

⑦ 张桐. 世界农产品贸易状况及前景预测 [J]. 中国农村经济，1985（5）：57 – 59.

⑧ 李京文，郑友敬，刘天福，刘锦华. 法国技术经济考察报告—农业部分 [J]. 数量经济技术经济研究 [J]. 1988（1）：73 – 78.

为农民组织化在应对农产品供给过剩问题上具有优势，通过建立农民协会、分配种植计划能够防止盲目生产引发的供给过剩问题①。

3. 其他国家调控农产品供给过剩的政策选择

郑伯权等分析了日本农产品供给过剩问题，指出日本通常采用减少播种面积、改种其他作物和销毁剩余农产品的办法化解农产品供给过剩危机②。从明认为种植结构调整、退耕还林、退耕还草能够有效缓解农产品供给过剩带来的库存压力③。巴尔科克和卡里奎里（Babcock & Carriquiry）研究了阿根廷乙醇产业与玉米消费问题，指出阿根廷政府支持汽车燃料乙醇的政策，削减了阿根廷庞大的玉米库存，解决了国内玉米供给过剩问题和玉米销售难的问题④。还有学者认为中国应该寻求国际市场解决农产品供给过剩问题。特别是在内需疲软背景下，鼓励出口是解决供给过剩的理想途径⑤。

1.4.5　研究述评

通过文献梳理发现，国内外学者均对"农产品供给过剩"的概念给出了解释。国内学者主要基于单纯的供求关系，并结合"农产品供给过剩"的表现形式去界定"农产品供给过剩"的概念。国外学者主要从农产品供求关系、农产品产地、农产品占有主体、农产品储备情况、农产品出口需求、农产品价格信息、农民经济福利等方面去定义"农产品供给过剩"的概念。国内外学者基本上都认同"实际供给大于有效需求"是"农产品供给过剩"的核心要义，然而在"供大于求"的数量上国内外学者有不同理

①　刘林森．德国如何调整农业结构［J］．农村工作通讯，2000（10）：25.

②　郑伯权，史敬棠，李克亮，韩伐贵，张留征，李薇．关于日本农产品流通考察报告（上）［J］．农业经济问题，1984（5）：56－59，42.

③　从明．实施西部大开发战略的财税政策取向［J］．税务研究，2000（8）：3－7.

④　Bruce A. Babcock, Miguel Carriquiry. Prospects for Corn Ethanol in Argentina［R］. Ames, Iowa: Iowa State University, 2012.

⑤　张旭青，翟雪玲．美国农产品出口促销计划及其对我国的启示［J］．调研世界，2004（2）：45－47.

解。美国第 480 号公法将"供大于求"的任何数量的农产品定义为"剩余农产品",而国内研究并未对上述问题做出回答。

国内外学者主要从价格政策、科技进步等方面论述了农产品供给过剩的原因,基本认同"价格保护政策、价格刺激政策、科技进步导致农产品供给过剩"的观点。无论是针对价格因素还是科技因素,学者们论证的重点都是"价格政策和科技进步导致农产品产量迅猛增长,最后造成农产品供给过剩"的逻辑思路。然而学者们并没有考虑"价格变化与科技进步对(某种)农产品的消费产生替代效应,从而造成(某种)农产品供给过剩"的影响机制。以玉米为例说明上述问题,学者们的研究关注到玉米价格上涨、玉米增产技术对玉米供给过剩的影响。然而没有关注到"玉米价格上涨引发玉米替代品大量进口,冲击国内玉米消费市场,玉米消费量减少导致玉米供给过剩"和"饲料加工技术进步后,玉米价格上涨背景下玉米消费被非常规饲料原料替代,造成玉米供给过剩"的影响机制,即国内外学者只关注到"价格和科技因素"对供给侧带来的影响,没有关注到对"消费侧"的替代效应。

国内外研究认同如下观点:"欧美国家农产品供给过剩是由其强大的农业生产能力所致,欧美国家较高的机械化程度、先进的农业科技、集约化的生产方式必然带来农产品供给过剩问题,同时欧美国家将长期面临农产品过剩危机",因此限制生产(例如,休耕、限种、转种),扩大消费(国内救济、消费热点开发),开辟国外市场(对外粮食援助计划、倾销低价农产品)成为解决欧美国家农产品供给过剩的有效措施。虽然国内外学者对欧美国家农产品供给过剩的研究很成熟,然而欧美经验对解释中国玉米供给过剩问题仅具有有限的借鉴意义。欧美国家农产品供给过剩的原因与中国显然不同,中国出现的玉米供给过剩面临更加复杂的国际和国内环境。国内学者虽然关注到中国与欧美国家农产品供给过剩的不同之处,但是并未系统性分析中国农产品供给过剩的形成原因。

基于上述考虑,本书在深化"农产品供给过剩"概念基础上(主要采用了联合国粮农组织(FAO)18% 库存消费比标准和 30% 库存消费比标准),选择玉米为研究对象,解释中国玉米阶段性供给过剩的形成原因。重点阐述玉米价格上涨引发的"三重替代"与玉米供给过剩之间的传导路径。本书基于"国内外两个市场、两种价格机制",从玉米生产和消费两个环节,构建"国内生产替代、国外进口替代、国内消费替代"的三维分析框架,解释玉米临时收储政策实施后,中国出现的玉米供给过剩问题。

1.5 研究内容与研究思路

1.5.1 研究内容

本书构建"国内生产替代、国外进口替代、国内消费替代"的三维分析框架,阐述中国玉米供给过剩的形成原因,并提出相应的调控政策。全书分为8章,具体内容安排如下。

第1章,导论。阐述研究背景,梳理国内外文献,解释核心概念,形成研究思路,介绍研究方法、研究范围和论文的创新与不足。

第2章,理论基础与分析框架。基于农产品供需理论、农产品价格形成及波动理论、农户经济决策理论、农产品国际贸易理论以及成本收益理论,基于"国内外两个市场,生产消费两个环节"的研究视角,构建"国内生产替代、国外进口替代、国内消费替代"的三维分析框架。

第3章,中国玉米供给过剩的基本现实及特征。借鉴瓦尔拉斯多市场模型和凯恩斯超额供给思想,使用农产品供需平衡表分类法划分玉米供给组与需求组,采用群组(group)差异分解法对比历史数据,论证中国玉米供给过剩的基本现实。然后论证中国玉米供给过剩为阶段性过剩,最后进行历史对比和特征分析。

第4章,国内生产替代与玉米供给过剩。采用 Nerlove 模型研究价格机制作用下农户种植决策行为与玉米供给过剩的关系。在此基础上,使用"反事实法"模拟由于价格上涨引发的玉米过度生产量,阐明国内生产替代效应。本章主要从国内生产视角考察中国玉米供给过剩的形成。

第5章，国外进口替代与国内玉米供给过剩。首先分析 2009～2015 年中国高粱、大麦、DDGS、木薯的进口变动情况，阐述它们作为饲料替代玉米的技术可行性。然后采用有效能值比较法，测算 2009～2015 年玉米替代品替代玉米的数量，提出价格红利是玉米替代品大量进口的根本原因，并建立联立方程组模型证实上述观点，最后利用 2016 年新政策实施后的新数据进一步验证上述结论的正确性。本章主要从国外进口视角考察中国玉米供给过剩的形成。

第6章，国内消费替代与玉米供给过剩。首先从营养成分、技术突破和经济条件三方面阐述小麦作为饲料原料替代玉米的可行性，并分析 2009～2015 年中国小麦玉米价格比变化与小麦饲用消费量变动之间的关系。然后基于"营养优化和成本节约"测算思路，估算 2009～2015 年小麦作为饲料原料对玉米的替代数量，最后通过阈值回归模型证实小麦玉米价格比与玉米替代小麦数量的反向变动关系。本章主要从国内消费视角考察中国玉米供给过剩的形成。

第7章，中国玉米供给过剩的调控政策。提出化解中国玉米供给过剩的政策建议。主要包括玉米生产政策、玉米深加工政策、玉米替代品进口政策以及玉米与小麦消费政策。

第8章，研究结论与展望。总结全书研究结论，国内生产替代、国外进口替代、国内消费替代是导致中国玉米供给过剩的原因，这三重替代均是由国内玉米价格大幅上涨引起，因此调控政策应该以价格改革为核心，调整进出口政策和玉米消费政策。最后提出四点研究展望。

1.5.2　研究思路

本书按照"提出问题—分析问题—解决问题"的思路布局全书（见图 1-1）。首先基于玉米产量、消费量和库存量数据提出"玉米临时收储政策实施后，中国出现玉米供给过剩"的问题。然后基于"国内生产替代、国外进口替代、国内消费替代"的三维分析框架，阐述中国玉米供给过剩的形成原因，最后提出中国玉米供给过剩的调控政策。在问题分析环节，本书以"玉米临时收储政策实施后，玉米价格大幅上涨"为逻辑起点，构建三条逻辑主线，即玉米价格上涨引发的国内生产替代效应、国外进口替代效应和国内消费替代效应，基于"生产和消费两个环节、国内和国外两个市场"的视角解释中国玉米供给过剩问题。

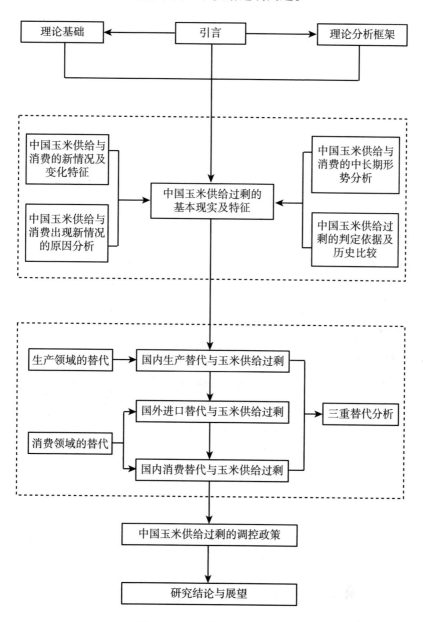

图1-1 本书研究思路框架

1.6 研究方法与研究范围

1.6.1 研究方法

本书研究中国玉米供给过剩问题，主要采用以下研究方法。

（1）文献分析法。通过文献梳理得到本书研究的理论基础和研究思路。在充分吸收国内外研究成果基础上，构建了"国内生产替代、国外进口替代、国内消费替代"的三维分析框架，作为本书的核心思路与逻辑结构。

（2）比较研究法。解释中国玉米供给过剩的特殊性时，采用了比较研究方法，阐明现阶段中国玉米供给过剩与国外存在差异。同时在构思玉米供给过剩调控政策时，隐含了与国外调控政策的比较。

（3）历史研究法。在分析国内生产替代与玉米供给过剩关系时，采用了历史研究法，梳理玉米与玉米替代作物（大豆、棉花、小麦、油菜、花生）历史价格比，解释两者之间的价格比变化对玉米供给过剩的影响。

（4）数量经济方法。研究国内生产替代与玉米供给过剩时，运用了Nerlove模型分析玉米和玉米替代作物价格比同农户种植决策之间的关系，采用了"反事实法"模拟玉米临时收储期间中国玉米过度生产量。分析国外进口替代与玉米供给过剩时，使用了联立方程模型证实玉米与玉米替代品（高粱、大麦、DDGS、木薯）之间的"价格与数量"联动关系。阐述国内消费替代与玉米供给过剩时，借鉴了"阈值—协整—误差修正"模型，解释小麦玉米价格比与替代量之间的关系。

1.6.2 研究范围

本书主要研究玉米临时收储政策实施后，中国玉米供给过剩的形成原因以及调控政策，时间为 2007 ~ 2015 年。由于 2015 年政府下调玉米临时收储价格后对玉米供给影响较大，本书反向证实相关结论时，采用了 2016

年新数据。由于现实中造成玉米供给过剩的原因错综复杂，本书仅从价格机制视角分析中国玉米供给过剩问题，主要考虑国内生产传导路径、国外进口传导路径和国内消费传导路径。除此之外，需要指出的是，在讨论"替代效应"时只考虑玉米对玉米替代作物，玉米替代品对玉米的单向替代关系，不考虑两者之间的交互替代关系，同时也不考虑玉米替代作物与玉米替代品内部各品种之间的交互替代关系。

1.7　创新与不足

1.7.1　创新之处

创新之处主要体现在以下两方面：

（1）尝试性地构建了"国内生产替代、国外进口替代、国内消费替代"的三维分析框架，以"国内外两个市场、生产消费两个环节"的研究视角，全面阐述了中国玉米供给过剩的原因。

（2）改良和创造了新算法。在分析国内生产替代与玉米供给过剩关系时，改良了 Nerlove 模型，改良后的 Nerlove 模型充分考虑了多种替代作物以及区域耕作制度的差异性，更加真实地反映了农户的多样化种植决策以及玉米与玉米替代作物真实的挤占关系。在分析国外进口替代与玉米供给过剩关系时，采用有效能值比较方法计算玉米替代品对玉米的替代系数，并创造了价格红利的新算法，包含替代系数的新算法更能逼真刻画出玉米与玉米替代品的真实价差。在分析国内消费替代与玉米供给过剩关系时，改良了 Peterson 算法，改良后的 Peterson 算法排除了玉米和豆粕中包含赖氨酸和蛋氨酸成分价格，避免了营养成分价格的重复计算，采用改良后的 Peterson 算法测算小麦替代玉米的理论价格比，更加科学和准确。

1.7.2　不足之处

不足之处主要体现在以下几方面：

（1）没有将"国内生产替代、国外进口替代、国内消费替代"与"玉米供给过剩"的关系置于同一实证模型中。由于受到数据以及指标分类的限制，无法建立起"三重替代"与玉米供给过剩的直接实证关系。在数据完整和指标统一的前提下，可以采用动态随机一般均衡模型（DSGE）弥补上述缺陷。本书是通过分块测算玉米对玉米替代作物的替代量、玉米替代品替代玉米数量、小麦替代国内玉米数量来阐述中国玉米供给过剩的。

（2）选取价格指标存在不足之处。玉米生产和消费环节存在多种玉米价格，如玉米最低收购价格、玉米进口价格、玉米平均出售价格、玉米集贸市场价格、全国玉米平均价格、各省（区市）玉米平均价格。本书充分考虑了上述问题，在分析国内生产替代与玉米供给过剩关系时，选用农产品平均出售价格（与玉米生产高度相关的价格）。在分析国外进口替代与玉米供给过剩关系时，选用进口平均价格（与玉米进口高度相关的价格）。在分析国内消费替代与玉米供给过剩关系时，选用集贸市场价格（与玉米消费高度相关的价格），因此造成同种商品在不同领域、不同章节存在不同的价格。

第2章

理论基础与分析框架

农产品供需理论是研究中国玉米供给过剩的基本理论。农产品供求关系与生产和消费行为高度相关，取决于供求双方力量的平衡，农产品供大于求会出现农产品供给过剩问题。农产品价格是影响供给和需求的重要因素，同时向生产者与消费者传递市场信号，调节供需双方决策选择，研究中国玉米供给过剩问题需要深刻理解农产品价格形成及波动理论。农户经济决策行为理论对于解释农户种植替代行为具有较强的适用性。农民愿意生产哪种农产品、不愿意生产哪种农产品主要取决于农产品收益。农户经济决策行为对于阐述中国玉米过度生产具有理论指导意义。国际贸易理论中的比较优势理论、要素禀赋理论、新要素理论对于解释中国大量进口玉米替代品极具优势。

成本收益理论经常用于分析生产者的经济决策行为。厂商进行生产决策时寻求成本最小或者利润最大。如果厂商拥有两种生产方式，替代要素价格变化后，厂商会采用价格更低的要素组合进行生产。成本收益理论对于分析"国内消费替代对中国玉米供给过剩的影响"具有较强解释力，对于理解饲料企业放弃使用玉米、选用玉米替代品具有指导意义（见表2-1）。

表2-1 理论基础的主要构成与指导意义

理论基础主要构成	理论应用领域	理论指导意义
（1）农产品供给需求理论	供求分析框架，价格机制下供求现状及未来供求格局分析	书中主要用于分析玉米供给过剩的形成原因
（2）农产品价格形成及波动理论	供求分析框架，供求关系变动与农产品短期、农产品长期价格波动之间的关系	书中主要用于指导农产品价格政策以及理解中国农产品的价格现象
（3）农户经济决策行为	研究市场经济环境中农户的经济决策行为	书中主要用于理解国内玉米过度生产与玉米供给过剩的关系
（4）国际贸易理论	研究国际贸易形成的动力、原因以及发展趋势	书中主要用于理解国外替代品进口与玉米供给过剩之间的关系
（5）成本收益理论	研究成本节约、收益最大的行为决策	书中主要用于理解国内消费替代行为与玉米供给过剩之间的关系

2.1.1 农产品供给需求理论

目前经济学中有两大供需理论，马克思主义供需理论和西方经济学供需理论。马克思主义供给需求理论以劳动价值论为基础，剖析资本主义生产关系，通过研究供给和需求的内在矛盾，揭示资本主义经济危机产生的根源。西方经济学供需理论以价格机制为起点，分析均衡状态下供需变动与价格变化之间的关系。本书基于价格政策研究中国玉米供给过剩问题，主要借鉴西方经济学农产品供给需求理论。西方经济学农产品供需理论采用供给和需求曲线解释农产品供求关系。给出玉米需求函数：

$$D_{corn} = f(P_{corn}, P_1, P_2, P_3 \cdots, P_n, I, S) \qquad (2-1)$$

其中，D_{corn} 为玉米需求，P_{corn} 为玉米价格，$P_1, P_2, P_3 \cdots, P_n$ 为玉米替代品（如高粱、大麦、DDGS、木薯、小麦等）价格，I 为消费者购买力，S 为消费者偏好。在其他条件不变情况下，玉米需求量与玉米价格呈反向变动关系，玉米需求量与玉米替代品价格呈正向变动关系。给出玉米供给函数：

$$S_{corn} = f(P_{corn}, P_1, P_2, P_3 \cdots, P_m, E_1, E_2, E_3 \cdots, E_m, T, E, O) \qquad (2-2)$$

其中，S_{corn} 为玉米供给量，P_{corn} 为玉米价格，$P_1,P_2,P_3\cdots,P_m$ 为玉米替代作物（如大豆、棉花、小麦、油菜、花生等）价格，$E_1,E_2,E_3\cdots,E_m$ 为生产要素价格，T 为生产技术水平，E 为自然条件（土壤、灌溉等），O 代表其他影响因素。在其他条件不变情况下，玉米供给量与玉米价格呈正向变动关系，玉米供给量与玉米替代作物价格呈反向变动关系。

供给曲线与需求曲线的交点（图 2 – 1 中点 E 和 E_0）为供求平衡点。$S_{corn} < D_{corn}$ 表明市场上出现玉米短缺。假设政府出台限价政策，维持 P_2 的市场价格水平，玉米供给量 Q_1，玉米需求量 Q_4，玉米短缺量 CD。基于国家粮食安全目标，政府将玉米市场价格提高到 P_1，玉米供给量将增加到 Q_2，玉米需求量下降到 Q_3，玉米短缺量 AB（小于 P_2 水平的玉米短缺量）。如果政府继续上调玉米价格，玉米短缺的现象会逐步消失［见图 2 – 1（a）］。

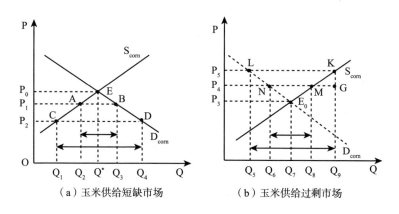

（a）玉米供给短缺市场　　　（b）玉米供给过剩市场

图 2 – 1　玉米供需格局示意

超过均衡价格水平执行提价政策将引发玉米供给过剩［见图 2 – 1（b）］。假如政府敞开收购玉米，并执行 P_4 水平的收储价格，玉米供给量增加到 Q_8，玉米需求量减少至 Q_6，市场上出现玉米供给过剩量 NM。如果政府继续提价至 P_5，玉米供给量进一步增加到 Q_9，玉米需求量继续减少到 Q_5，市场上出现玉米供给过剩量 LK。如果政府采用降价方式去玉米库存，能够缓解玉米过剩带来的压力。假设政府下调玉米收储价格至 P_4，玉米需求量会很快增至 Q_6。然而由于玉米生产具有季节性和周期性，玉米供给量不会快速调整至 Q_8（停留在 Q_9 水平），市场上玉米供给过剩量为 NG，由国家收储量 NM 和生产环节滞留量 MG 组成（主要滞留在农户手中）。

2.1.2 农产品价格形成及波动理论

农产品价格形成及波动理论分为短期价格形成及波动理论和长期价格形成及波动理论，短期价格形成及波动理论以均衡价格理论为代表，长期价格形成及波动理论以蛛网理论为代表。

1. 均衡价格理论：短期价格的形成及波动

农产品价格的形成是由供给和需求双方共同决定的。供给和需求相等时，形成市场均衡价格。影响因素一旦发生变化将形成新的市场价格，而新的价格有回归原有均衡价格的趋势。农产品短期价格理论认为，当市场价格背离均衡价格时，"无形的手"会将背离状态调整至均衡状态。

如图 2 - 2 (a) 所示，玉米供给曲线和需求曲线交于 E 点，决定市场均衡价格 P_0 和均衡数量 Q_0。如果玉米价格上涨到 P_1，玉米供给量将增加到 Q_3，玉米需求量将减少到 Q_2，市场上出现玉米供给过剩。在市场机制完善情况下，过剩的玉米供给将导致玉米价格下降，并逐步回到 P_0 的水平。同理，如果玉米价格下跌至 P_2，玉米供给量将减少到 Q_1，玉米需求量将增加到 Q_4，市场上出现玉米供给不足。在市场机制完善情况下，玉米短缺将促使玉米价格上涨，并逐步恢复到 P_0 的水平。

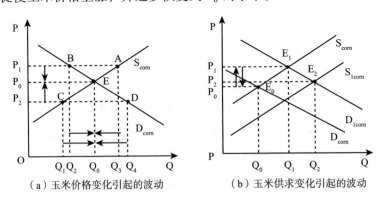

（a）玉米价格变化引起的波动 （b）玉米供求变化引起的波动

图 2 - 2 短期玉米价格的形成及波动

玉米供给和需求发生变化，均衡价格和数量也会相应改变。如图 2 - 2（b）所示，原有玉米供给曲线 S_{corn} 与需求曲线 D_{corn} 相交于点 E_0，决定了玉米均衡价格 P_0 和玉米均衡数量 Q_0。如果玉米替代品价格上涨（造成玉米需求增加），玉米需求曲线将从 D_{corn} 移动到 D_{1corn} 与供给曲线 S_{corn} 相交于 E_1，形成新的均衡价格 P_1（$P_1 > P_0$）和新的均衡数量 Q_1。玉米价格上涨刺激农民扩大生产，玉米供给曲线从 S_{corn} 移动至新的供给曲线 S_{1corn}，与需求曲线 D_{1corn} 交于新的均衡点 E_2。此时玉米价格低于原有均衡价格（$P_2 < P_1$）。上述分析表明玉米需求和供给变动使得玉米市场价格围绕均衡价格波动。在市场机制完善情况下，玉米市场价格会逐步回归均衡价格。

2. 蛛网理论：长期价格的形成及波动

农产品短期价格形成及波动理论（均衡价格理论）基于完全竞争市场假设，采用静态分析框架解释农产品价格与产量之间的关系。静态分析中生产者和消费者均能对市场价格做出快速反应，调整各自决策。正是存在这种调整机制，市场价格才会逐步趋于均衡价格。

1930 年美国经济学家舒尔茨、荷兰经济学家丁伯根、意大利经济学家里奇指出农产品供给具有较大特殊性，农产品生产周期长、季节性强，当期市场价格变化只能影响农产品下期生产决策，即期农产品生产供给主要受上期市场价格影响，这意味着生产者无法及时对市场价格变化做出反应（生产者必须在销售前作出决策）。1934 年英国经济学家卡尔多将滞后价格影响产量的理论命名为蛛网理论。蛛网理论是通过蛛网模型进行阐述的，主要用于分析生产周期较长的产品，是一种市场动态均衡分析法。蛛网模型的基本假设为：第一，本期产量由上期价格决定。第二，本期需求量由本期价格决定。根据上述假设，蛛网模型可以被三个联立方程式表述：

$$Q_t^d = a - bP_t \tag{2-3}$$

$$Q_t^s = -c + dP_{t-1} \tag{2-4}$$

$$Q_t^d = Q_t^s \tag{2-5}$$

式（2-3）~式（2-5）中 a、b、c、d 均为大于零的常数。将式（2-3）、式（2-4）代入式（2-5）得到：

$$a - bP_t = -c + dP_{t-1} \tag{2-6}$$

将式（2-6）改写为：

$$P_t = \left(-\frac{d}{b}\right)P_{t-1} + \frac{a+c}{b} \tag{2-7}$$

然后再将式（2-7）滞后两期展开：

$$P_t = \left(-\frac{d}{b}\right)P_{t-1} + \frac{a+c}{b} = \left(-\frac{d}{b}\right)\left[\left(-\frac{d}{b}\right)P_{t-2} + \frac{a+c}{b}\right] + \frac{a+c}{b}$$

$$= \left(-\frac{d}{b}\right)^2 P_{t-2} + \frac{a+c}{b}\left(1 - \frac{d}{b}\right) \tag{2-8}$$

经过归纳整理得到滞后 t 期的 P_t 表达式：

$$P_t = \left(-\frac{d}{b}\right)^t P_0 + \frac{a+c}{b}\left[1 + \left(-\frac{d}{b}\right) + \left(-\frac{d}{b}\right)^2 + \cdots + \left(-\frac{d}{b}\right)^{t-1}\right]$$

$$= \left(-\frac{d}{b}\right)^t P_0 + \frac{a+c}{b} \cdot \frac{\left(-\frac{d}{b}\right)^t - 1}{\left(-\frac{d}{b}\right) - 1}$$

$$= \left(-\frac{d}{b}\right)^t P_0 + \frac{a+c}{b+d}\left[1 - \left(-\frac{d}{b}\right)^t\right] \tag{2-9}$$

当市场出清时 $P^* = P_t = P_{t-1}$，代入式（2-6）得到市场均衡价格：

$$P^* = \frac{a+c}{b+d} \tag{2-10}$$

又将式（2-10）代入式（2-9）得到：

$$P_t = \left(-\frac{d}{b}\right)^t P_0 + P^*\left[1 - \left(-\frac{d}{b}\right)^t\right] = (P_0 - P^*)\left(-\frac{d}{b}\right)^t + P^* \tag{2-11}$$

式（2-11）的极限数学表达式为：

$$
\begin{cases}
\lim\limits_{t\to\infty}\left[(P_0 - P^*)\left(-\frac{d}{b}\right)^t + P^*\right] = P^* & \text{if } \frac{d}{b} < 1 \\[2mm]
\lim\limits_{t\to\infty}\left[(P_0 - P^*)\left(-\frac{d}{b}\right)^t + P^*\right] = \infty & \text{if } \frac{d}{b} = 1 \\[2mm]
\lim\limits_{t\to\infty}\left[(P_0 - P^*)\left(-\frac{d}{b}\right)^t + P^*\right] = 常数 & \text{if } \frac{d}{b} > 1
\end{cases}
\tag{2-12}
$$

由于 b 和 d 不确定，会有 3 种情况。第一种，$d < b$，P_t 趋近于 P^*。表明随时间 t 增加，农产品实际价格将会逐步逼近均衡价格，这种情况称为收敛型蛛网模型。第二种，$d > b$，P_t 趋向 ∞。表明随时间 t 增加，农产品实际价格将会越来越偏离均衡价格，这种情况称为发散型蛛网模型。第三种，$d = b$，P_t 趋近于常数。表明随时间 t 增加，农产品实际价格以等量幅度围绕着均衡价格波动，既不偏离均衡价格，也不会逼近均衡价格，这种情况称为封闭型蛛网模型。

用图示法阐述蛛网模型。如图 2 – 3 所示，假设 t – 1 期价格决定本期产量 Q_3，在 P_1 价格水平上，供给量远远小于需求量，市场上出现农产品短缺，上述情况导致价格上涨至 P_2。在 t + 1 期生产者按照 P_2 价格水平提供 Q_3 产量，此时由于价格上涨农产品消费量减少，供给量和需求量"一增一减"导致农产品供给过剩，农产品价格出现新一轮下降。在 t + 2 期，农民按照上年价格水平进行生产，再次出现农产品短缺。如此循环反复，农产品价格大幅度波动并逐渐偏离均衡点位置，价格出现大起大落。

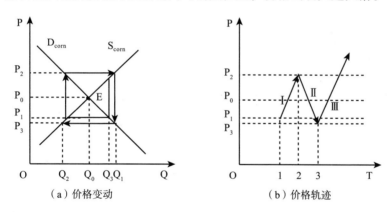

（a）价格变动　　　　　（b）价格轨迹

图 2 – 3　发散型蛛网模型

与发散型蛛网模型不同，收敛型蛛网模型中农产品需求弹性大于供给弹性。如图 2 – 4 所示，经过反复循环的供给决策后，农产品市场价格波动幅度减小，并逐步向均衡点靠近。

封闭型蛛网模型中，农产品供给弹性等于需求弹性。农产品价格变动对供给和需求的影响相等，消费者和生产者对价格变化的反应程度相同。价格上涨时，农产品需求下降的幅度等于供给上升的幅度。价格下跌时，农产品

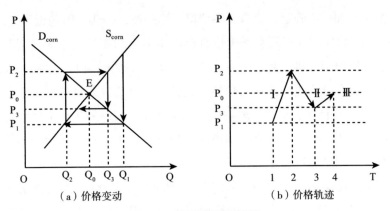

图 2-4　收敛型蛛网模型

需求增加的幅度等于供给减少的幅度。如图 2-5 所示，封闭型蛛网模型中，农产品价格在高低区位间震荡波动，不断循环但始终无法达到均衡点。

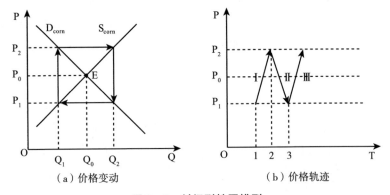

图 2-5　封闭型蛛网模型

蛛网模型具有较强的政策含义：由于农产品市场存在价格和产量的蛛网现象，市场"无形的手"难以实现自我均衡，为稳定农产品市场价格和保障农产品有效供给，需要政府调控农产品价格。纵观 2007～2015 年中国玉米价格变化规律，不难发现该阶段中国玉米供给具有发散型蛛网模型的特征，唯一不同在于没有出现发散型蛛网模型中的产量下降，这主要与玉米最低收购价格有关。除此之外，还与政府承诺敞开收购农民余粮有关，上述政策促使农民大幅增加玉米种植。2015 年 9 月国家下调玉米临时收储价格后，玉米市场呈现出收敛型蛛网模型特征，玉米市场价格逐渐向均衡价格逼近。因此，蛛网理论对于理解中国玉米供给过剩问题具有广泛的适用性。

2.1.3 农户经济决策行为理论

西方传统经济学在解释农户经济决策行为时，基于不同的视角逐渐形成了三种有影响力的农户行为理论（见表2-2）：分别是以苏联经济学家恰亚诺夫（Chayanov）为代表的小规模生产组织学派、以西奥多·舒尔茨（Theodore W. Schultz）为代表的理性小农学派和以黄宗智为代表的综合学派。恰亚诺夫基于"劳动消费均衡理论"分析了小农的生产决策行为，他认为小农家庭农场与资本主义农场在土地、劳动力与资本等要素组合方面明显不同，小农家庭农场具有明显的"生存小农"特征，他们的生产决策行为主要由农户感知的"劳动辛苦程度"和满足自身消费需求之间的平衡来决定。西奥多·舒尔茨基于"理性小农"理论考察了农户的生产决策选择，他认为小农在组织生产过程中对要素投入与投资收益的平衡与追求利润最大化的资本主义企业并没有太大差别。黄宗智在综合上述两种理论的基础上，提出了介于两者之间的"理性和非理性"平衡理论，他认为小农的生产决策行为是由特定的要素资源决定的，农户看似不合理的要素投入行为与他们面临的外在约束有关。

表2-2　　　　　　　农户行为理论的主要流派及核心思想

流派	理论基础	代表人物	核心观点
组织与生产学派	劳动消费均衡理论	恰亚诺夫	农户生产要素的投入与生产决策的选择是由农户感知的"劳动辛苦程度"和满足自身消费需求之间的平衡来决定的，因此他反对集体化生产方式，主张推行小规模合作社的生产组织形式
理性小农学派	理性小农理论	西奥多·舒尔茨	农户是理性的，农户的生产决策与资本主义企业的生产决策并无差异，农户能够在要素投入与投资收益上做到"精打细算"，农户在要素的分配上不存在效率损失
综合学派	理性和非理性平衡理论	黄宗智	农村独特的要素资源决定了农户的生产决策，农户看似不合理的要素投入行为与他们面临的外在约束有关，提出了"过密型商品化"的概念

基于理性小农前提，农户在进行种植决策时能够敏锐感知产品市场和要素市场的价格变化，并调整种植方案。根据黄祖辉、胡豹等关于农户土

地投入决策思想[①]，给出如下假设：（1）农户能够种植 A 类作物和 B 类作物，并且两种作物换种不存在技术问题。（2）农户拥有的土地要素资源是给定的 M 单位，其中用于种植 A 类和 B 类作物的土地面积分别为 M_A 和 M_B，农户的种植偏好和决策通过 A 类和 B 类作物的播种面积体现出来。（3）A 类作物和 B 类作物都是商品率较高的农作物。（4）用于种植 A 类作物和 B 类作物的劳动是同质的，并且在量上并无太大差异。上述假定条件下，农户的全部收益可以表示为：

$$Y = Y_A(M_A) + Y_B(M_B) \tag{2-13}$$

其中，Y 为农户的种植收益，Y_A 为农户种植 A 类作物的收益，Y_B 为农户种植 B 类作物的收益。农户种植 A 类和 B 类作物的收益以及种植总收益可以分别表示为：

$$Y_A = P_A \cdot Q_A(M_A) - C_A(M_A) \tag{2-14}$$

$$\begin{aligned} Y_B &= P_B \cdot Q_B(M_B) - C_B(M_B) \\ &= P_B \cdot Q_B(M - M_A) - C_B(M - M_A) \end{aligned} \tag{2-15}$$

$$\begin{aligned} Y &= P_A \cdot Q_A(M_A) - C_A(M_A) + \\ &\quad P_B \cdot Q_B(M - M_A) - C_B(M - M_A) \end{aligned} \tag{2-16}$$

其中，P_A、P_B 分别表示 A 类作物和 B 类作物的价格，$Q_A(M_A)$ 为 A 类作物的生产函数，$Q_B(M - M_A)$ 为 B 类作物的生产函数，$C_A(M_A)$、$C_B(M - M_A)$ 分别为生产 A 类作物和 B 类作物的成本。根据求解利润最大化的原则，农户收益 Y 对 A 类作物种植面积的 1 阶导数为：

$$\frac{dY}{dM_A} = P_A \cdot \frac{dQ_A}{dM_A} - \frac{dC_A}{dM_A} - P_B \cdot \frac{dQ_B}{dM_A} + \frac{dC_B}{dM_A} \tag{2-17}$$

由于土地要素资源是给定的，根据数学特征式（2-16）为线性函数，边界角点解为最优解，即 $M_A = 0$ 或者 $M_A = M$。主要由 A 类作物和 B 类作物的收益决定。如果 $M_A = 0$，农户种植收益为：

$$\begin{aligned} Y &= Y_A(0) + Y_B(M) = P_B \cdot Q_B(M) - C_B(M) \\ &= \left[P_B \cdot \frac{Q_B(M)}{E} - \frac{C_B(M)}{E} \right] \cdot E \\ &= \left[P_B \cdot AQ_B - AC_B \right] \cdot E = A_{\pi B} \cdot E \end{aligned} \tag{2-18}$$

---

① 黄祖辉，胡豹，黄莉莉. 谁是农业结构调整的主体？——农户行为及决策分析 [M]. 北京：中国农业出版社，2005.

其中，AQ_B 为种植 B 类作物的单位面积产量、AC_B 为种植 B 类作物的单位面积成本、$A_{\pi B}$ 为种植 B 类作物的单位面积利润。同理可得，当 $M_A = M$，农户全部种植收益为 $A_{\pi A}$。

如果 $A_{\pi A} > A_{\pi B}$，即 $Y_A > Y_B$，农户将全部土地用于种植 A 类作物以实现利润最大化。如果 $A_{\pi A} < A_{\pi B}$，即 $Y_A < Y_B$，农户将全部土地用于种植 B 类作物以实现利润最大化。如果 $A_{\pi A} = A_{\pi B}$，即 $Y_A = Y_B$，农户将土地用于种植 A 类和 B 类作物取得的收益等同，农户按照任何比例种植 A 类和 B 类作物均能实现利润最大化。当 A 类和 B 类作物单位面积产量和要素价格稳定时，作物的市场价格将是影响农户生产决策的主要因素。

图 2-6 给出了 A 类和 B 类作物市场价格变化对农户种植决策的影响。如图 2-6（a）所示，当 A 类和 B 类作物市场价格相差较小时，农户会在直线 MN 上进行 A 类和 B 类作物种植数量的配置，农户的种植决策集为整个直线 MN。如果 A 类作物价格上涨，农户的种植决策线条向 FG 移动，当合理价差形成后农户的生产决策集就会缩小到一个边界角点（F 点），这意味着农户将放弃 B 类作物的种植，选择全部种植 A 类作物。如图 2-6（b）所示，当 B 类作物市场价格上涨，并且高于 A 类作物时，农户的种植决策线条从 GH 向 LK 移动，当合理价差形成后农户的生产决策集为一个边界角点（K 点），这意味着农户将放弃 A 类作物的种植，选择全部种植 B 类作物。

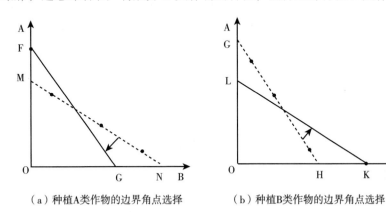

（a）种植A类作物的边界角点选择　　　（b）种植B类作物的边界角点选择

图 2-6　作物价格变化对农户种植决策的影响

农户经济决策理论是理解农户种植决策行为的理论基础。上述理论对于解释玉米价格上涨情况下，玉米播种面积逐年增加、玉米替代作物播种面积减小具有较大的指导作用。当种植玉米比种植玉米替代作物收益更高时，玉米种植将挤占玉米替代作物。除此之外，农户经济决策理论对于解释玉米过度生产与国内玉米供给过剩的关系具有较大的理论意义。

2.1.4 国际贸易理论

国际贸易理论主要分为古典贸易理论、新古典贸易理论和当代贸易理论，上述学派对贸易产生的原因以及各国产品之间存在的价格差异做出了不同的解释，核心思想如表2-3所示。

表2-3 国际贸易理论的主要流派及核心思想

阶段划分	理论基础	代表人物	关键性假设	核心观点
古典贸易理论	（1）绝对优势贸易理论	亚当·斯密	只考虑劳动要素；产品边际成本不变；商品及要素市场是完全的；不存在规模经济（规模报酬不变）；不考虑需求因素；两国生产技术有差异	国际贸易的基础源于生产技术的绝对差异，绝对劳动生产率不同
	（2）比较优势贸易理论	大卫·李嘉图		国际贸易的基础源于生产技术的相对差异，相对劳动生产率不同
新古典贸易理论	（1）资源配置贸易理论	赫克歇尔和俄林	产品的投入要素为两种或者两种以上；产品边际成本递增；商品及要素市场是完全的；不存在规模经济	国际贸易的产生以及各国之间存在的产品价格差异主要是由各国资源禀赋不同造成的
	（2）特殊要素贸易理论	萨缪尔森		
当代贸易理论	（1）规模经济贸易理论	克鲁格曼	产品的生产具有规模经济；商品市场是不完全竞争市场，要素市场是完全竞争市场	国际贸易的产生以及各国之间存在的产品价格差异主要是由各国生产规模不同造成的
	（2）新要素理论	舒尔茨、鲍德坎农、格鲁伯、麦赫塔、弗农	假定在国际贸易的比较优势中，赋予生产要素以新的含义，扩展生产要素的范围，除了传统的资本、劳动和土地三要素以外，其他要素如人力资本、技能、技术、信息、研究与开发等也起着重要作用	以技术、信息、管理、人力资本、研究开发为重点的新型要素资源逐渐改变国与国之间的贸易地位，新要素资源在国际贸易中越来越重要，它们可以大大增加一国的比较优势地位

资料来源：海闻，P. 林德特，王新奎. 国际贸易 [M]. 上海：上海人民出版社，2003.

1. 亚当·斯密的绝对优势贸易理论

英国古典经济学家亚当·斯密（Adam Smith）最先使用经济学分析框架解释国际贸易问题，基于自由竞争和自由贸易的思想，他从分工与交换的角度来分析国际贸易带来的福利增进效应。在1776年出版的《国富论》中，他提出了"绝对优势理论"，认为国与国之间存在贸易活动主要是因为不同国家之间劳动生产率和生产成本存在绝对差别。如果一个国家在生产某种产品时存在高于别国的劳动生产率，那么这个国家就应该生产这种优势商品，其他国家也应该遵循这个规则，最后国与国之间再进行商品交换，就能实现互惠共赢。亚当·斯密认为绝对优势也可能通过生产成本体现出来，他在分析两国生产成本差异时，以劳动价值理论为基础，比较了不同国家在生产同种产品时所耗费的单位劳动量，以此来阐述不同国家之间的"比较优势"与"比较劣势"。绝对优势理论主张各个国家应该重点生产和出口自身拥有成本优势的产品，进口不具备成本优势的产品。绝对优势理论对国际贸易产生的原因做出了部分解释，同时也证明了国际贸易能够增加参与国的经济福利。然而该理论存在很大的局限性，亚当·斯密无法对超级先进（各种产品生产都具有成本优势）和超级落后（各种产品生产都不具备成本优势）国家之间存在自由贸易的现象做出合理的解释。

2. 大卫·李嘉图的比较优势贸易理论

针对亚当·斯密绝对优势理论的缺陷和不足，大卫·李嘉图（David Ricardo）在继承和发展亚当·斯密以及托伦斯（R. Torrens）关于国际贸易理论的基础上，他在1817年出版的《政治经济学以及赋税原理》中提出了"相对优势理论"。大卫·李嘉图（David Ricardo）认为由于国与国之间生产各种商品的相对成本不同，即使占据"比较劣势"的国家仍然可以参与国际贸易与分工。如果占据"比较优势"的国家集中生产具有最大优势的产品，占据"比较劣势"的国家放弃生产具有最大劣势的产品，通过商品贸易两个国家均可以获得国际贸易带来的收益。"相对优势理论"表明各国只要出口相对成本较低的产品、进口相对成本较高的产品就能实现福利增长。例如，假设中美两国只生产玉米和大米，中国相对劳动生产率为：大米/玉米 = 2，玉米/大米 = 0.5，美国相对劳动生产率为：大米/玉米 = 1.5，玉米/大米 = 0.67。

按照比较优势理论的思想，中国生产大米具备比较优势，美国生产玉米具备比较优势。中国应该专注生产大米，并以部分大米换取美国玉米，美国则应该专注生产玉米，并以部分玉米换取大米。如图 2 - 7 所示，经过商品贸易中国出口大米 BC，进口玉米 BE$_1$，美国出口玉米 MN，进口大米 NC$_1$。通过上述的分析，占据"比较劣势"的国家生产劣势相对较小的产品，并参与国际贸易可以提高经济福利水平。大卫·李嘉图的"相对优势"理论对超级先进和超级落后国家之间的商品贸易现象做出了合理解释。

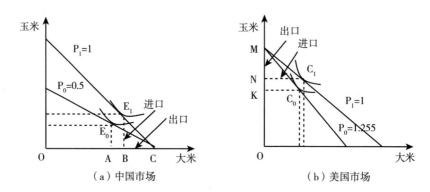

图 2 - 7 劳动生产率存在差异的两国商品贸易

3. 赫克歇尔—俄林的要素禀赋理论（H—O 理论）

亚当·斯密和大卫·李嘉图的国际贸易理论是以劳动价值论为基础的，在整个分析框架中劳动是唯一的投入要素，即生产成本主要是以劳动来衡量的，同时生产技术的差异（劳动生产率不同）是导致不同国家商品成本存在差异的原因。赫克歇尔（E. Heckscher）和俄林（B. Ohlin）基于生产商品的要素禀赋视角，解释了各国之间的商品流动问题，对亚当·斯密的"绝对优势"理论以及大卫·李嘉图"相对优势"理论质疑。赫克歇尔认为除了劳动力以外，资本、土地等要素也是影响生产成本的重要因素，同时他发现即使生产技术水平相近的国家也会存在较大的成本差异，因而他认为这种差异主要是由不同国家之间占有的要素禀赋不同以及产品生产过程中使用的要素比例不同造成的。赫克歇尔在1919年发表了《对外贸易对收入分配的影响》，正式提出了要素禀赋理论的核心观点。后来他的学生俄林1933年在《区际贸易与国际贸易》一书中继承和发展了赫克歇尔相关思想，形成了H—O理论。

俄林认为商品价格的绝对差（不同国家的某种商品在用同一种货币折算后存在价格差）是商品出现跨区域流动的直接原因，商品总是从价格较低的国家流向价格较高的国家。然而，并不是所有的商品存在价格差就会出现国际贸易，还必须要满足比较优势的条件，即两个国家商品生产的成本比例不同。如表2-4所示，在A国玉米与大米的成本比例为1∶2，B国玉米与大米的成本比例为3∶1。这意味着，在A国1单位玉米可以换取0.5单位大米，而在B国1单位玉米可以换取3单位大米。如果A国输出玉米、输入大米，B国输出大米、输入玉米，则会出现持久的国际贸易。H—O理论基于国家贸易中的价差现象，发现各国商品生产成本不同主要是由要素价格不同造成的。即由于各国在生产某种商品时，土地、劳动力、资本等要素价格不同，因而导致各国生产某种产品的成本存在差异。

表2-4	两个国家玉米与大米成本比例	
	A国	B国
玉米单位成本	1.0	3.0
大米单位成本	2.0	1.0

除此之外，H—O理论还认为主要是要素的供给决定了要素的价格，通常情况下，要素供给丰裕的国家要素价格较低，要素供给缺乏的国家要素价格较高。因此，一个国家应该出口与本国要素丰裕相关的产品，进口与本国要素缺乏相关的产品。

4. 里昂惕夫之谜：H—O理论引发的争议

美国经济学家里昂惕夫（Wassily W. Leontief）运用1947年和1951年美国的进出口数据对美国进出口产品进行测算，得出了与H—O理论相悖的结论：根据H—O理论，资本充裕的美国应该出口资本密集型产品。通过实证分析里昂惕夫发现，样本观测期内美国出口的是劳动密集型产品，进口的却是资本密集型产品，这就是有名的"里昂惕夫之谜"。上述发现引发了理论界对国际贸易理论的进一步思考，包括维特尼（Whitney，1968）、鲍德温（Baldwin，1971）、斯特南德和马斯克斯（Stern and & Maskus，1981）在内的学者都对 H—O 模型进行了检验。最终学者们给出了"生产要素密集型逆转、关税与贸易壁垒、技能与人力资本差异、其他自然资源存在差异"四种解释回应"里昂惕夫之谜"。在上述争议与讨论基础上，萨缪尔森（Paul A. Samuelson）进一步深化了 H—O 理论，他将国际贸易活动与要素价格联系起来，采用特定投入要素模型分析了国际贸易与要素价格之间的关系，最后得出"各国之间即使要素不能自由流动，国际贸易也会带来各国要素收益相同"的结论，这就是著名的"生产要素价格均等化定理"。

5. 克鲁格曼的规模经济和不完全竞争贸易理论

随着国际贸易的发展，越来越多的经济现象困扰着学者们。根据传统的贸易理论，各国的商品贸易应该发生在不同产品之间，然而现实却是一个国家既出口某种产品同时又进口某种产品。针对上述问题，当代国际贸易理论融合了市场结构特征、规模经济以及技术进步等因素，从全新的视角重新解释国际贸易产生的原因。保罗·克鲁格曼（Paul Krugman）放松了古典和新古典国际贸易理论中完全竞争市场与规模报酬不变的假设，他认为企业具有递增规模经济，产品市场具有垄断竞争的结构特征，他建立了以"PP – ZZ"模型为核心的分析框架，详细阐述了规模经济、市场结构（不完全竞争）与国际贸易之间的关系。克鲁格曼认为国与国之间产品成本的差异并非由于技术或者资源禀赋差异造成的，国与国之间的市场规模以及企业规模不同才是导致成本差异的根本原因。克鲁格曼的规模经济和不完全竞争贸易理论较好解释了古典和新古典贸易理论无法解释的"行业内贸易"问题，为理解不同国家商品生产的成本差异提供了一种新的视角和分析框架。

6. 国际贸易新要素理论

传统理论将生产要素仅仅局限于土地、资本和劳动力，然而国际贸易新要素学派赋予了生产要素更加丰富的内涵，将生产要素的范围拓展到人力资本、技术、R&D、信息等。国际贸易新要素学派的核心思想是新要素广泛应用于生产中，能够提高一个国家的比较利益，从而获取原有要素资源无法获得的要素比较优势。以舒尔茨（T. W. Schultz）、鲍德（R. E. Baldwin）以及坎农（P. B. Kennen）为代表的人力资本学派认为，人力资本作为一种新的生产要素，通过人力资本投资（理论教育、技术培训等）提高劳动生产率，能使一个国家在参与国际贸易中取得比较优势。同时，技术作为一种新的生产要素，技术进步与创新可以通过影响传统要素（土地、资本、劳动）的投入量以及投入比例，改变国家与国家之间生产要素的禀赋比例，提升一个国家的比较优势。以格鲁伯（W. H. Gruber）、麦赫塔（D. Mehta）、弗农（R. Vernonr）为代表的经济学家，认为 R&D 也是一种新的生产要素，比如新产品、新工艺、新材料的产生能改变一个国家在国际贸易中的比较优势，如果一个国家在 R&D 上投入大，那么这个国家的产品知识密集度就高，比较优势就明显。同样，随着电子技术的发展，信息成为一种越来越重要的生产要素，信息作为一种无形的、"软的"生产要素，占有信息多寡的程度将决定一个国家的比较优势。

前面列举的几种贸易理论表明，商品在国际流动是由于这种商品在不同国家之间存在价差，商品主要从成本低的国家流向成本高的国家。然而对商品价差形成原因的不同理解，分流出不同的贸易理论学派。古典贸易理论主要从技术（劳动生产率）来理解不同国家之间商品生产成本的差异。新古典贸易理论主要从要素禀赋不同以及产品生产过程中要素使用比例不同来解释生产成本的差异。现代贸易理论主要从经济规模、市场结构、新型要素的角度来分析生产成本的不同。

近年来中国粮食价格普遍高于国际市场，特别是玉米价格尤为突出。国内外粮食价差形成后，中国开始大量进口大麦、高粱、DDGS、木薯等替代品用于替代饲料行业中的玉米，国内玉米消费受到较大冲击。本书在分析国外进口替代与国内玉米供给过剩时，上述国际贸易理论具有较大的指导意义。

2.1.5 成本收益理论

成本收益分析是经济学领域中一种常见的分析方法，成本收益理论实质上是一种资源配置理论,目前已广泛用于分析生产者的经济决策行为。成本收益分析法的前提假设是厂商追求利润最大化,即实现最小的成本耗费或者获得最大的收益。在生产理论中,收益是由商品价格以及生产函数确定的商品产量决定的。在成本理论中,成本是由各种生产要素投入量以及要素价格决定的。通常情况下,生产者在组织生产时面临众多约束条件,他们根据自身拥有的有限要素资源选择生产某种产品。实际上每一种要素资源的配置均代表着一种成本收益关系。在要素稀缺条件下,生产者都会追求优化资源配置以达到最好的经济效果。假设厂商生产某种产品需要投入的要素为 L、A 或者 B(B 和 A 属于相互替代型生产要素)以及其他生产要素 I。在技术水平不变的情况下,企业有两种生产选择:第一种,以要素 L、A 和 I 为主的 A 类要素组合生产方式。第二种,以要素 L、B 和 I 为主的 B 类要素组合生产方式。为方便分析,只考虑 L、A(B)要素投入情况。因此 A 类和 B 类生产方式的生产函数可以分别写成:

$$Q_A = f(L, A) \qquad (2-19)$$

$$Q_B = f(L, B) \qquad (2-20)$$

假定商品的价格为 P,要素市场上 L、A、B 的价格分别为 θ、δ 和 ω,则 A 类和 B 类生产方式的成本函数可以分别写成:

$$C_A = C(L, A) = \theta L + \delta A \qquad (2-21)$$

$$C_B = C(L, B) = \theta L + \omega B \qquad (2-22)$$

如果商品市场和要素市场是完全竞争的(农产品市场近似满足完全竞争市场假设),A 类和 B 类生产方式的生产利润可以分别写成:

$$\pi_A(L, A) = P \cdot f(L, A) - (\theta L + \delta A) \qquad (2-23)$$

$$\pi_B(L, B) = P \cdot f(L, B) - (\theta L + \omega B) \qquad (2-24)$$

式(2-23)和式(2-24)中 π_A、π_B 分别表示 A 类和 B 类生产方式的生产利润,$P \cdot f(L, A)$、$P \cdot f(L, B)$ 分别表示 A 类和 B 类生产方式商品销售后的总收益,$(\theta L + \delta A)$、$(\theta L + \omega B)$ 分别表示 A 类和 B 类生产方式的生产总成本。A 类生产方式利润最大化的条件为:

$$\begin{cases} \dfrac{\partial \pi_A}{\partial L} = P \cdot \dfrac{\partial f}{\partial L} - \theta = 0 \\[3mm] \dfrac{\partial \pi_A}{\partial A} = P \cdot \dfrac{\partial f}{\partial A} - \delta = 0 \end{cases} \qquad (2-25)$$

B 类生产方式利润最大化的条件为：

$$
\begin{cases}
\dfrac{\partial \pi_B}{\partial L} = P \cdot \dfrac{\partial f}{\partial L} - \theta = 0 \\[3mm]
\dfrac{\partial \pi_B}{\partial B} = P \cdot \dfrac{\partial f}{\partial B} - \omega = 0
\end{cases}
\tag{2-26}
$$

整理式（2-26）可以得到 $\dfrac{\partial f/\partial L}{\partial f/\partial A} = \dfrac{MP_L}{MP_A} = \dfrac{\theta}{\delta}$，$\dfrac{\partial f/\partial L}{\partial f/\partial B} = \dfrac{MP_L}{MP_B} = \dfrac{\theta}{\omega}$，其经济学含义为：厂商通过调整要素配置方式，使得最后一单位成本无论购买哪种要素都能获得相等的边际产量，从而实现既定成本条件下的最大产量。同时厂商也能通过调整要素配置方式，使得不同要素资源的边际技术替代率等于要素价格的比值，从而实现既定产量下的成本最小化。

结合上述理论，使用图示法来阐述不同要素资源配置下成本收益的比较。图 2-8（a）表示等产量条件下要素组合的成本比较，图中 AOL 代表 A 类生产方式，MN 代表 A 类生产方式成本预算线，Q_1 代表 A 类生产方式等产量线。BOL 代表 B 类生产方式，CD 代表 B 类生产方式成本预算线，Q_2 代表 B 类生产方式等产量线，其中 $Q_1 = Q_2$，OF = OG，E = E_0，CD < MN。厂商采用 A 类生产方式，使用 OG 单位 A 要素和 OH 单位 L 要素生产 E 单位产品。采用 B 类生产方式，使用 OF 单位 B 要素和 OH 单位 L 要素生产 E_0 单位产品。由于市场上要素 B 的价格 ω 低于要素 A 的价格 δ，导致等产量条件下不同种类的要素资源配置出现不同的生产成本，即 $Q_1 = Q_2$ 条件下 CD < MN，显然厂商会选择要素价格低廉的 B 类生产方式。同理，图 2-8（b）表示等成本条件下要素组合的产量比较。图中 AOL 依然代表 A 类生产方式，M_1N_1 代表 A 类生产方式的成本预算线，Q_3 代表 A 类生产方式的等产量线。BOL 仍然代表 B 类生产方式，C_1M_1 代表 B 类生产方式的成本预算线，Q_4 代表 B 类生产方式的等产量线，其中 $Q_3 < Q_4$，$OF_1 = OG_1$，$E_1 = E_2$，$C_1M_1 = M_1N_1$。厂商采用 A 类生产方式，使用 OG_1 单位 A 要素和 OH_1 单位 L 要素生产 E_1 单位产品。采用 B 类生产方式，使用 OF_1 单位 B 要素和 OH_1 单位 L 要素生产 E_2 单位产品。由于市场上要素 B 的价格 ω 低于要素 A 的价格 δ，导致等成本条件下不同种类的要素资源配置出现不同的产量，即在 $C_1M_1 = M_1N_1$ 条件下 $Q_3 < Q_4$，显然厂商会选择要素价

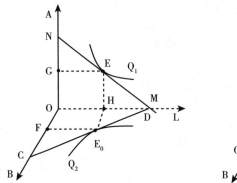
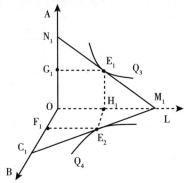

（a）等产量条件下要素组合成本比较　　　（b）等成本条件下要素组合产量比较

图 2 - 8　最优要素组合下不同成本收益的比较

格较低的 B 类生产方式。

　　成本收益理论表明，如果一个厂商拥有两种及以上的生产方式，当替代要素价格发生变化后，厂商会采用要素价格更低的要素组合生产方式，以寻求成本最小或者利润最大。上述理论可以解释饲料企业的原料消费（采购）行为，在书中主要用于解释国内消费替代对中国玉米供给过剩的影响。例如在饲料生产领域，饲料企业根据玉米与玉米替代品（小麦、大麦、高粱、DDGS、木薯）的市场价格决定采购哪种原料用于生产，通过选取成本更低的原料组织生产，寻求成本最小和利润最大。因此成本收益理论在理解饲料企业放弃玉米消费、选用替代品的决策行为时具有较大的理论指导意义。

2.2　基于"国内生产替代、国外进口替代、国内消费替代"的三维分析框架

　　根据农产品供给需求理论、农产品价格形成及波动理论、农户经济决策行为理论、国际贸易理论以及成本收益理论，本书在综合上述五种理论基础上，基于玉米价格变化的逻辑起点，建立"国内生产替代、国外进口替代、国内消费替代"三维分析框架，主要从国内和国外两个市场，玉米

生产和消费两个环节解释玉米价格上涨带来的三重替代效应。正是这种替代导致国内玉米供给过剩。

2.2.1 比较效益下的国内生产替代

农民作为理性决策者，总是基于成本收益制定农作物种植计划。一直以来，农产品不同品种之间存在稳定的比价关系，这种平衡的比价关系影响着农民的种植行为（例如，各品种之间的种植比例），正是稳定的比价关系促使农产品种植结构保持相对平衡。玉米临时政策实施后，玉米价格上涨过快，打破了原有的平衡比价关系，种植玉米变得更加合算，大豆、小麦、棉花、油菜、花生等玉米替代作物种植收益下滑。农民调整种植计划，种植更多玉米，同时减少大豆、小麦、棉花、油菜、花生的种植面积。经过长年积累，玉米播种面积和产量大幅增长，玉米替代作物播种面积和产量大幅下降。玉米挤占玉米替代作物成为中国玉米供给过剩的重要原因。

2.2.2 价格红利下的国外进口替代

玉米作为传统的饲料原料，在饲料消费中一直占据主导地位。在饲料总成本中，玉米成本占60%以上。玉米临时收储政策实施后，国内玉米价格大幅上涨，饲料企业生产成本因此而增加。随着饲料加工技术的进步，一些非常规饲料原料（大麦、高粱、DDGS、木薯等）开始用于饲料行业中。由于大麦、高粱、DDGS、木薯等没有进口配额限制，并且进口平均价远远低于国内玉米价格，因此饲料企业使用玉米替代品能够获得价格红利（成本节约）。近年来，中国玉米替代品进口迅猛增长，大量玉米替代品冲击国内玉米消费市场，导致国内玉米滞留粮库中，造成国内玉米"强制性"过剩。玉米替代品大量进口是造成中国玉米供给过剩的另一重要原因。

2.2.3 成本节约下的国内消费替代

除了国外玉米替代品冲击国内玉米消费市场外，国内小麦对国内玉米市场也造成很大冲击。消费市场上小麦与玉米一直存在替代关系。在饲料行业中，小麦玉米价格比降至一定水平，使用小麦替代玉米能够实现成本节约。玉米临时收储政策实施后，玉米价格刚性增长导致小麦玉米价格比下降，甚至出现小麦玉米价格倒挂现象。在小麦玉米主产区，饲料企业大量使用小麦替代玉米（有些年份替代量高达千万吨）。小麦作为饲料原料替代玉米是造成中国玉米供给过剩的又一重要原因（见图2-9）。

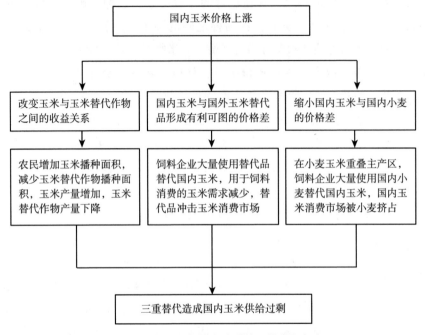

图2-9　中国玉米供给过剩的三维分析框架

2.2.4　借助图示法对三重替代的进一步解释

三重替代可以用图示分解法得到进一步解释。如图2-10（a）所示，纵轴代表玉米替代品消费量，横轴代表玉米消费量，向外凸出的曲线表示玉米和玉米替代品消费量的组合扩展线。在消费领域，玉米和玉米替代品原始消费组合位于第一条扩展线上的A点，玉米和玉米替代品消费量（包括国外进口消费和国内消费）分别为 X_{A1}、X_{A2}。玉米价格经历第一轮上涨后，玉米和玉米替代品价格关系发生变化（玉米替代品更加便宜），玉米和玉米替代品消费组合移动到第二条扩展线的 B 点，此时玉米和玉米替代品消费量分别为 X_{B1}、X_{B2}（$X_{B1} < X_{A1}$，$X_{B2} > X_{A2}$），玉米消费量比原始消费组合减少 MG 单位，玉米替代品消费量比原始消费组合增加 LK 单位。玉米价格经历第二轮上涨后，玉米和玉米替代品价差进一步拉大。玉米和玉米替代品消费组合移动到第三条扩展线的 C 点，此时玉米和玉米替代品消费量变为 X_{C1}、X_{C2}，与第一轮玉米价格上涨后相比，玉米消费量减少 CM 单位，玉米替代品消费量增加 CK 单位。经过数次累积过程，国内玉米被进口的替代品和国内小麦替代的数量越来越多，CG 正是玉米替代品对玉米的替代量。

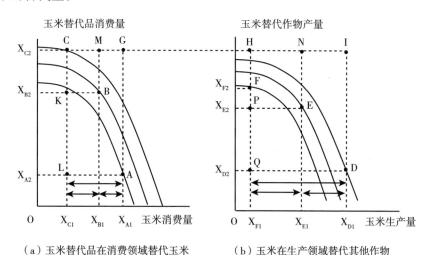

（a）玉米替代品在消费领域替代玉米　　　（b）玉米在生产领域替代其他作物

图 2 - 10　借助图示法对三重替代的进一步解释

除此之外，玉米价格轮番上涨刺激农民扩大生产，增加玉米种植面积减少玉米替代作物种植面积。如图 2 - 10（b）所示，纵轴代表玉米替代作物产量，横轴代表玉米生产量，向外凸出的曲线表示玉米和玉米替代作物生产扩展线。玉米和玉米替代作物的原始生产组合位于第一条扩展线上的 F 点，玉米和玉米替代作物产量分别为 X_{F1}、X_{F2}。玉米价格经历第一轮上涨后，玉米和玉米替代作物价格关系发生变化（种植玉米更加合算），玉米和玉米替代作物生产组合移动到第二条扩展线的 E 点，此时玉米和玉米替代作物产量分别为 X_{E1}、X_{E2}（$X_{B1} < X_{A1}$，$X_{B2} > X_{A2}$），玉米产量比原始生产组合量增加 HN 单位，玉米替代作物产量比原始组合减少 FP 单位。玉米价格经历第二轮上涨后，玉米与玉米替代作物价差进一步拉大，玉米和玉米替代作物生产组合移动到第三条扩展线的 D 点，此时玉米和玉米替代作物产量分别为 X_{E1}、X_{E2}，与第一轮玉米价格上涨相比，玉米生产量增加 NI 单位，玉米替代作物产量减少 PQ 单位。经过数轮价格上涨过程，玉米对玉米替代作物替代量越来越多，HI 正是玉米对玉米替代作物的替代量。

2.3 本章小结

　　本章梳理了农产品供需理论、农产品价格形成及波动理论、农户经济决策行为理论、农产品国际贸易理论和成本收益理论。上述理论对于理解中国玉米供给过剩的形成原因具有较大理论意义。在五大理论基础上，形成了"国内生产替代、国外进口替代、国内消费替代"的三维分析框架。玉米临时收储价格大幅上涨，引发了三种替代现象：第一，玉米挤占玉米替代作物。农民增加玉米播种面积（种植玉米更合算），减少玉米替代作物播种面积，导致玉米替代其他竞争性作物。第二，进口的玉米替代品替代国内玉米。国内外粮食价差拉大，饲料企业大规模使用进口的玉米替代品替代国内玉米，导致玉米替代品冲击国内消费市场。第三，小麦作为饲料原料替代国内玉米。小麦玉米价格比下降，饲料企业大量使用国内小麦替代国内玉米，小麦挤占玉米消费市场导致国内玉米供给过剩。

第3章

中国玉米供给过剩的
基本现实及特征

　　对于商品供给过剩或者需求过度问题，经济学领域已经形成了系统而严密的分析框架，洛桑学派代表人物瓦尔拉斯（Léon Walras）通过建立多市场模型提出了一般均衡理论，他认为在完全竞争环境下和快速反应价格机制中，商品的供需匹配是以均衡价格为基础的，一旦市场上出现供给过剩或者需求过度，灵敏的价格机制将调整商品数量以恢复商品供求均衡状态，市场上不存在商品的超额供给和超额需求。凯恩斯（Keynes）建立起宏观经济理论分析框架，证明了超额供给和超额需求的广泛存在性。由于商品价格存在刚性，市场不可能通过价格瞬时的变化调节供需余缺，市场本身也无法自动恢复商品的供求均衡状态。农产品供需平衡表基于国内外两个市场以及生产消费两个环节，以会计记录方式将供需余缺程度反映在库存量变化上。本章借鉴瓦尔拉斯多市场模型思想和凯恩斯超额供给思想，使用农产品供需平衡表分类法划分玉米供给组与需求组，采用群组（Group）差异分解法比对历史数据，论证中国玉米供给过剩的基本现实。

　　需要指出的是，本章主要论证 2009～2015 年，中国玉米供给过剩的基本现实。选择玉米临时收储时期作为研究范围，主要有三方面原因：第一，该阶段是中国玉米临时收储政策实施期。第二，该阶段中国玉米市场价格大幅上涨，引发了"国内生产替代、国外进口替代和国内消费替代"。第三，该阶段中国玉米库存量出现爆发式增长，并引发严重的玉米供给过剩问题。因此该阶段的经济现象和现实数据为研究"玉米临时收储时期，玉米价格机制与玉米供给过剩的关系"提供了条件。

3.1 多市场模型下的供给过剩思想

3.1.1 多市场模型的理论阐述与数学表达

在孤立市场模型中，某种商品的供给与需求只受该商品价格的影响，然而现实情况却是没有哪种商品能够孤立存在，市场上总是存在众多的替代品或者互补品。因此，在研究某种商品的供给和需求函数时，除了考虑该商品自身价格因素外，还应将相关产品的价格影响纳入分析框架中。在多市场模型中，任何一种商品的超额需求均是所有商品价格的函数。在具有 N 种商品的市场环境中，需求和供给函数可以分别被表示为：

$$Q_{di} = Q_{di}(P_1, P_2 \cdots, P_n) \tag{3-1}$$

$$Q_{si} = Q_{si}(P_1, P_2 \cdots, P_n) \tag{3-2}$$

在多市场模型中，考察玉米的供给和需求量与自身价格、替代品价格之间的关系，采用联立方程改写上述思想。

$$\begin{cases} Q_{dk} = Q_{sk} \\ Q_{dk} = Q_{dk}(\bar{P_k}, \overset{+}{P_{\Delta k}}) \\ Q_{sk} = Q_{sk}(\overset{+}{P_k}, \bar{P_{\Delta k}}) \end{cases} \tag{3-3}$$

其中，Q_{dk}、Q_{sk} 为玉米的供给和需求函数，P_k 为玉米市场价格，$P_{\Delta k}$ 为玉米替代品市场价格，变量上方"+"或者"−"表示玉米价格与需求和供给量的变动方向（"+"代表同向，"−"代表反向）。市场均衡状态下有 $Q_k = Q_{dk} = Q_{sk}$，将玉米供给和需求联立关系通过隐函数表达为：

$$F_1(Q_k, P_k, P_{\Delta k}) = Q_{dk}(\bar{P_k}, \overset{+}{P_{\Delta k}}) - Q_k = 0 \tag{3-4}$$

$$F_2(Q_k, P_k, P_{\Delta k}) = Q_{sk}(\overset{+}{P_k}, \bar{P_{\Delta k}}) - Q_k = 0 \tag{3-5}$$

包含 P_k 和 Q_k 的雅克比行列式（Jacobian）式为：

$$|J| = \begin{vmatrix} \dfrac{\partial F_1}{\partial P_k} & \dfrac{\partial F_1}{\partial Q_k} \\[2mm] \dfrac{\partial F_2}{\partial P_k} & \dfrac{\partial F_2}{\partial Q_k} \end{vmatrix} = \begin{vmatrix} \dfrac{\partial Q_{dk}}{\partial P_k} & -1 \\[2mm] \dfrac{\partial Q_{sk}}{\partial P_k} & -1 \end{vmatrix} = \dfrac{\partial Q_{sk}}{\partial P_k} - \dfrac{\partial Q_{dk}}{\partial P_k} \neq 0 \qquad (3-6)$$

如果存在均衡解，有如下隐函数表达式：

$$P_k^* = P_k^*(P_{\Delta k}) \qquad\qquad (3-7)$$

$$Q_k^* = Q_k^*(P_{\Delta k}) \qquad\qquad (3-8)$$

由于式（3-5）、式（3-6）为恒等式，因此有：

$$Q_{dk}(P_k^*, P_{\Delta k}) - Q_k^* = 0,\ 即\ F_1(P_k^*, Q_k^*, P_{\Delta k}) = 0 \qquad (3-9)$$

$$Q_{sk}(P_k^*, P_{\Delta k}) - Q_k^* = 0,\ 即\ F_2(P_k^*, Q_k^*, P_{\Delta k}) = 0 \qquad (3-10)$$

由式（3-6）可以得到：

$$\begin{bmatrix} \dfrac{\partial F_1}{\partial P_k^*} & \dfrac{\partial F_1}{\partial Q_k^*} \\[3mm] \dfrac{\partial F_2}{\partial P_k^*} & \dfrac{\partial F_2}{\partial Q_k^*} \end{bmatrix} \begin{bmatrix} \dfrac{dP_k^*}{dP_{\Delta k}} \\[3mm] \dfrac{dQ_k^*}{dP_{\Delta k}} \end{bmatrix} = \begin{bmatrix} -\dfrac{\partial F_1}{\partial P_{\Delta k}} \\[3mm] -\dfrac{\partial F_2}{\partial P_{\Delta k}} \end{bmatrix} \qquad (3-11)$$

同时式（3-11）可以表示为：

$$\begin{bmatrix} \dfrac{\partial Q_{dk}}{\partial P_k^*} & -1 \\[3mm] \dfrac{\partial F_2}{\partial P_k^*} & \dfrac{\partial F_2}{\partial Q_k^*} \end{bmatrix} \begin{bmatrix} \dfrac{dP_k^*}{dP_{\Delta k}} \\[3mm] \dfrac{dQ_k^*}{dP_{\Delta k}} \end{bmatrix} = \begin{bmatrix} -\dfrac{\partial Q_{dk}}{\partial P_{\Delta k}} \\[3mm] 0 \end{bmatrix} \qquad (3-12)$$

根据克拉默法则（Cramer 法则），可以得到：

$$\left[\dfrac{dP_k^*}{dP_{\Delta k}}\right] = \dfrac{1}{|J|} \begin{vmatrix} -\dfrac{\partial Q_{dk}}{\partial P_{\Delta k}} & -1 \\[3mm] 0 & -1 \end{vmatrix} = \dfrac{1}{|J|}\dfrac{\partial Q_{dk}}{\partial P_{\Delta k}} \qquad (3-13)$$

$$\left[\dfrac{dQ_k^*}{dP_{\Delta k}}\right] = \begin{vmatrix} \dfrac{\partial Q_{dk}}{\partial P_k^*} & -\dfrac{\partial Q_{dk}}{\partial P_{\Delta k}} \\[3mm] \dfrac{\partial Q_{sk}}{\partial P_k^*} & 0 \end{vmatrix} \dfrac{1}{|J|} = \dfrac{1}{|J|}\dfrac{\partial Q_{sk}}{\partial P_k^*}\dfrac{\partial Q_{dk}}{\partial P_{\Delta k}} \qquad (3-14)$$

整理式（3-13）、式（3-14）得到：

$$\frac{\partial Q_{dk}}{\partial P_k^*}\left(\frac{dP_k^*}{dP_{\Delta k}}\right) \quad + \quad \frac{\partial Q_{dk}}{\partial P_{\Delta k}} \quad - \quad \frac{dQ_{sk}}{\partial P_k^*}\left(\frac{dP_k^*}{dP_{\Delta k}}\right) = 0 \qquad (3-15)$$

$\downarrow$ （替代品价格对玉米需求的间接影响） $\downarrow$ （替代品价格对玉米需求的直接影响） $\downarrow$ （替代品价格对玉米供给的直接影响）

上面的数学推导表明，在多市场环境中玉米价格与替代品价格存在相互影响的关系，玉米的价格直接影响商品的需求和供给，替代品价格的变化通过两条路径作用于玉米的供求关系：第一，直接影响玉米的需求。第二，通过影响玉米价格间接影响玉米供给和需求，如图3-1所示。

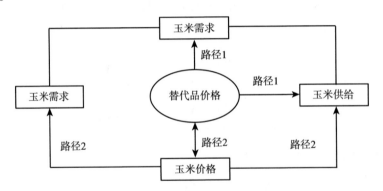

图3-1　多市场模型中的价格传导机制

3.1.2　引入农产品供需平衡表分类思想

开放经济环境下，农产品供需平衡表考虑国内外两个市场以及生产消费两个环节，通过库存量的变化反映农产品供求状况。按照农产品供需平衡表划分思想，将中国玉米总消费进行分解（见图3-2）。

玉米总消费＝国内消费＋国外消费（玉米出口），即（3）＝（1）＋（2）；国内消费＝饲用消费＋工业消费＋食用消费＋种用消费，即（1）＝（4）＋（5）＋（6）＋（7）。结合式（3-3），中国玉米总消费的数学表达式为：

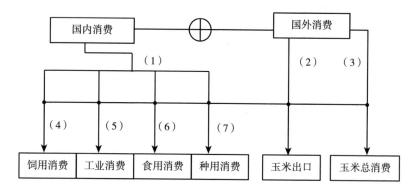

图 3-2 中国玉米消费主要组成部分

$$Q_{dk}^{T} = Q_{dk}^{D} + Q_{dk}^{A} = Q_{dk}^{Df} + Q_{dk}^{Di} + Q_{dk}^{De} + Q_{dk}^{Ds} + Q_{dk}^{A} \qquad (3-16)$$

其中，Q_{dk}^{T} 表示玉米总消费，Q_{dk}^{D}、Q_{dk}^{A} 分别表示玉米的国内消费和国外消费（玉米出口），Q_{dk}^{Df}、Q_{dk}^{Di}、Q_{dk}^{De}、Q_{dk}^{Ds} 分别表示玉米饲用消费、工业消费、食用消费和种用消费。同理，将中国玉米总供给进行分解（见图 3-3）。

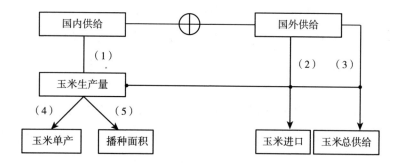

图 3-3 中国玉米供给主要组成部分

玉米总供给 = 国内供给 + 国外供给（玉米进口），即 (3) = (1) + (2)；国内供给 = 玉米生产量 = 玉米单产 × 玉米播种面积，即 (1) = (4) × (5)。结合式（3-3），中国玉米总供给的数学表达式为：

$$Q_{sk}^{T} = Q_{sk}^{D} + Q_{sk}^{A} = Q_{corn}^{Y} \cdot A_{corn}^{Y} + Q_{dk}^{A} \qquad (3-17)$$

其中，Q_{sk}^{T} 表示玉米总供给，Q_{sk}^{D}、Q_{sk}^{A} 分别表示玉米的国内供给和国外供给（玉米进口），Q_{corn}^{Y}、A_{corn}^{Y} 分别表示玉米的单产和播种面积。

3.1.3 供给过剩中的群组差异分解

群组差异分解的核心思想是两个结构相似群组的差异可以被分解为各个部分差异的组合形式。结合上文玉米供需平衡表划分思想，设定一种平衡的玉米库存状态（群组1），群组1的数学表达式为：

$$S_k^{(1)} = Q_{sk}^{T(1)} - Q_{dk}^{T(1)}$$
$$= Q_{sk}^{D(1)} + Q_{sk}^{A(1)} - (Q_{dk}^{Df(1)} + Q_{dk}^{De(1)} + Q_{dk}^{Di(1)} + Q_{dk}^{Ds(1)} + Q_{dk}^{A(1)}) \quad (3-18)$$

同时设定一种非平衡的玉米库存状态（群组2），群组2的数学表达式为：

$$S_k^{(2)} = Q_{sk}^{T(2)} - Q_{dk}^{T(2)}$$
$$= Q_{sk}^{D(2)} + Q_{sk}^{A(2)} - (Q_{dk}^{Df(2)} + Q_{dk}^{De(2)} + Q_{dk}^{Di(2)} + Q_{dk}^{Ds(2)} + Q_{dk}^{A(2)}) \quad (3-19)$$

其中，$S_k^{(1)}$、$S_k^{(2)}$ 分别为群组1和群组2的玉米库存量，玉米库存偏离均衡状态的程度（玉米供给过剩量）的数学表达式为：

$$\Delta S_k(P_k) = \Delta(Q_{sk}^A) + \Delta(Q_{sk}^D) + \{\Delta(Q_{dk}^{Df}) + \Delta(Q_{dk}^{Di}) + \Delta(Q_{dk}^{De}) + \Delta(Q_{dk}^{Ds})\}$$
$$+ \Delta(Q_{dk}^A) \quad (3-20)$$

（玉米供给过剩量）（国内玉米生产增量）　　（国内玉米消费减量）

其中，ΔS_k 为玉米供给过剩量（ΔS_k 为玉米价格 P_k 的函数），$\Delta(Q_{sk}^D)$、$\Delta(Q_{sk}^A)$ 为玉米生产增量和玉米进口增量，$\Delta(Q_{dk}^{Df})$、$\Delta(Q_{dk}^{Di})$、$\Delta(Q_{dk}^{De})$、$\Delta(Q_{dk}^{Ds})$ 为玉米饲用消费减量，工业消费减量，食用消费减量和种用消费减量，$\Delta(Q_{dk}^A)$ 为玉米出口减量。玉米价格传导机制和供需结构分解表明：玉米价格上涨会引发玉米供给增加和消费减少。根据上述理论和思想，价格提升后玉米供需变化格局可能出现几种类型（见表3-1）。玉米临时收储时期出现了类型（1）的情况，导致国内玉米供给过剩，类型（1）的群组数学表达式为：

$$\Delta \overset{+}{S}_k = \Delta(\overset{+}{Q}_{sk}^A) + \Delta(\overset{+}{Q}_{dk}^D) + \{\Delta(\overset{+}{Q}_{dk}^{Df}) + \Delta(\overset{+}{Q}_{dk}^{Di}) +$$
$$\Delta(\overset{0}{Q}_{dk}^{De}) + \Delta(\overset{0}{Q}_{dk}^{Ds})\} + \Delta(\overset{+}{Q}_{dk}^A) \quad (3-21)$$

表 3 – 1　　　　　供需平衡法结构分解下的玉米供给过剩组合类型

基本类型	生产	进口	饲料消费	工业消费	食用消费	种用消费	出口	备注
类型（1）	+	+	—	—	0	0	—	●
类型（2）	+	0	—	—	0	0	—	○
类型（3）	+	0	0	0	0	0	—	○
类型（4）	+	—	0	0	0	0	+	○
类型（5）	+	—	0	0	0	0	—	○

注："＋"表示增加，"—"表示减少。例如饲料消费"—"意味着 $\Delta(\overset{+}{Q}_{dk}^{Df})$，"0"表示增加幅度不大或者保持稳定，●表示该种类型出现，○表示该种类型未出现。

3.2　中国玉米供给过剩的基本依据

结合多市场模型中价格传导机制、玉米供需平衡表分类思想以及群组差异分解思路，本书提出并检验如下假设：

H_{3-1}：玉米临时收储时期，中国出现玉米供给过剩问题。

H_{3-2}：玉米供给过剩是由需求减少和供给增加双重因素导致的。在消费方面，玉米总消费、饲料消费、工业消费以及玉米出口量出现下滑；在供给方面，玉米产量和进口量出现齐增情况。

H_{3-3}：现阶段玉米供给过剩为阶段性过剩[①]。

3.2.1　库存迅猛增长与玉米供给过剩

玉米供给过剩直观表现为库存量增长。玉米临时收储政策实施后，玉米库存量出现迅猛增长。2009 年玉米库存量为 3633 万吨，2015 年增长到 24129 万吨，年均增幅达到 37.10%，每年净增加 3416 万吨［见图 3 – 4（a）］。玉米库存消费比反映了玉米消费量与库存量的变动关系，是衡量玉米库存积压状况的重要指标。2009 年中国玉米库存消费比为 20.85%，2015 年迅猛

---

①　玉米阶段性供给过剩是指某个时期玉米总供给量持续多年超过玉米总需求量，玉米剩余量远远多于社会必要库存量。这种状态并不具有长期性，而是暂时性、阶段性的，短期内会随着农业政策调整而消失。

增长到 129.58%，六年增长约 109 个百分点。

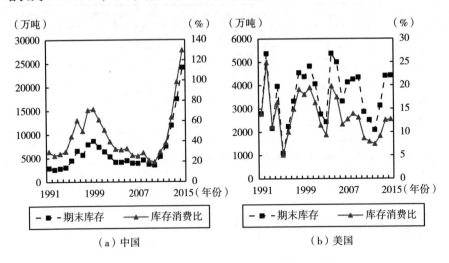

图 3-4 中美两国玉米库存量及库存消费比

资料来源：布瑞克数据库。

从时间维度来看，历史上未曾出现过如此高的玉米库存量和玉米库存消费比。如 1991~1999 年，虽然出现了较高的玉米库存量和库存消费比，但与玉米临时收储时期相比要低很多。1991 年玉米库存量为 2844 万吨，1999 年增长到 8595 万吨，年均增幅 16.76%。1991 年中国玉米库存消费比为 29.45%，1999 年增长到 71.38%。2000~2008 年，中国玉米库存量和库存消费比快速下降。2000 年玉米库存量为 7294 万吨，2008 年下降到 4526 万吨，降幅达到 37.95%。2000 年中国玉米库存消费比为 61.15%，2008 年下降至 28.44%。

从空间维度来看，对比同期美国数据，同样说明玉米临时收储政策时期中国玉米库存出现"异常情况"。如图 3-4（b）所示，同期美国玉米库存量以及库存消费比围绕着特定值（特定区间）波动，1991~2015 年美国玉米库存量约为 3500 万吨，玉米库存消费比维持在 5%~25%。美国并未出现类似中国的"异常玉米库存量"和"异常玉米库存消费比"。2015年中美两国玉米库存量分别为 24129 万吨、4414 万吨（美国玉米库存量仅为中国的 18.29%），中美两国玉米库存消费比分别为 129.6% 和 12.72%（美国库存消费比低于中国 117 个百分点）。

存在玉米库存并不一定意味着玉米供给过剩。为应对紧急情况（自然灾害、粮食救济）各国均有应急储备。在衡量玉米供给过剩时，应当剔除国家必要的玉米库存。联合国粮农组织（FAO）将17%~18%的库存消费比作为安全警戒线。按照FAO标准描绘出中国玉米过剩情况。如图3-5（a）所示，1991~2015年中国出现数年的玉米供给过剩。该阶段中国必备玉米库存量为1700万~3500万吨，然而实际库存量达到2500万~24000万吨，玉米供给过剩量约为230万~20780万吨。值得关注的是，中国最严重的玉米供给过剩出现在玉米临时收储时期。2009年玉米供给过剩量为497万吨，2012年增长到3926万吨，比2009年增长690%，2015年达到20777万吨，为2009年的41.8倍。

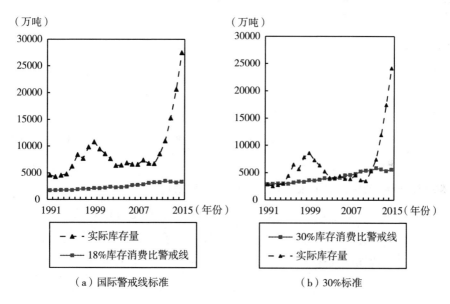

图3-5 标准玉米库存过剩情况

资料来源：布瑞克数据库。

中国是人口大国，粮食安全尤为重要，保持高于国际公认标准的库存消费比是有必要的。对比历史数据发现，中国玉米库存消费比长期维持在30%左右。描绘出30%库存消费比标准下中国玉米过剩情况。如图3-5（b）所示，1991~2015年中国出现了两次玉米供给过剩的情况。第一次供给过剩（1995~2003年），中国玉米库存消费比在30%~72%的范围波动，玉米过剩量在 1780 万 ~ 2650 万吨范围内波动。第二次供给过剩（2012 ~ 2015 年），中国玉米库存消费比在 38% ~ 130% 波动，玉米过剩量在 3900 万 ~ 20780 万吨范围波动（年均玉米剩余量达到 11865 万吨）。因此不管从时间维度的历史数据对比，还是空间维度的中美两国对比，不管按照 FAO 标准还是按照中国 30% 库存消费比标准，都证明了一个不争的事实：玉米临时收储时期，中国出现了严重的玉米供给过剩问题，命题 H_{3-1} 得到验证。

3.2.2 价格"累积下跌"与玉米供给过剩

玉米供给过剩还会表现为玉米市场价格持续下跌。经典理论认为，作为市场信号的商品价格，预示和调节商品供求关系，在自由市场中商品供过于求必然导致商品价格下跌。玉米临时收储时期，虽然中国出现严重的玉米供给过剩，然而玉米市场价格不但没有下跌反而上涨。如图 3 - 6（b）所示，2008 年 1 月中国玉米集贸市场价格为每公斤 1.71 元，2015 年 6 月上涨到每公斤 2.50 元，涨幅达到 46.20%。本书认为，玉米临时收储时期中国玉米价格已经偏离了市场均衡价格，但由于玉米临时收储价格的支撑作用，延缓和累积了玉米市场价格的"下跌效应"。

对比图 3 - 6（a）和图 3 - 6（b）的数据变化可以证实上述判定。2015 年 9 月前，国家逐年上调玉米临时收储价格，在最低收购价格支撑下，玉米集贸市场价格出现轮番上涨，2008 年 1 月玉米集贸市场价格为每公斤 1.71 元，2014 年 8 月上涨到每公斤 2.63 元，涨幅达到 53.80%。2015 年 9 月国家宣布将黑龙江、吉林、辽宁和内蒙古玉米临时收储价格从每吨 2220 元、2240 元、2260 元统一下调至每吨 2000 元。调价政策引发了玉米市场价格"断崖式"下跌，2015 年 9 月玉米集贸市场价格为每公斤 2.38 元，2016 年 12 月下跌至每公斤 1.95 元，下跌幅度将近 20%。因此本书认为玉米临时收储时期国内玉米市场价格虚高，主要是由于玉米临时收储价格的支撑作用，实际上国内玉米市场价格一直承受下行压力，当玉米临时收储价格出现下调时，先前延缓和累积的玉米市场"下跌效应"持续、全面释放出来，直观表现为玉米市场价格的持续和大幅下跌。

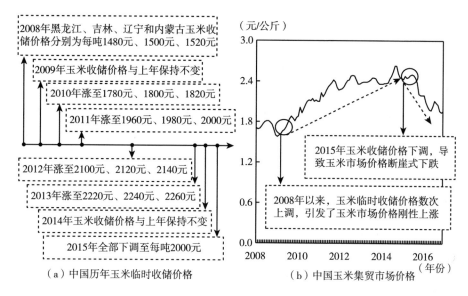

图 3-6　中国玉米价格

数据来源：中国历年玉米临时收储价格来源于国家发改委；中国玉米集贸市场价格来自国家统计局。

3.3　中国玉米供给过剩中供需两侧结构分解

根据上文玉米供需平衡表划分思想和群组差异分解思想，本书从玉米消费结构和供给结构两方面阐述玉米临时收储时期中国玉米供给过剩的结构变化特征。

3.3.1　中国玉米供给过剩中消费侧结构分解

1. 中国玉米消费总量变动特征

1991~2015 年，中国玉米消费总量（国内消费量+玉米出口量）具有阶段性特征，按增长速度分三个阶段［见图 3-7（a）］。第一阶段：平稳增长期（1991~2002 年）。1991 年中国玉米消费总量为 9659 万吨，2002 年增长到 13336 万吨，年均增幅为 2.98%。第二阶段：快速增长期（2003~

2008 年)。2003 年中国玉米消费总量 12780 万吨，2008 年增长到 15912 万吨，年均增长率为 4.48%。第三阶段：玉米消费量下降期（2009～2015年）。2009～2012 年中国玉米消费量保持稳定，此后三年连续下降。

1991～2015 年，中国玉米国内消费量（不包含玉米出口量）与玉米消费总量变动趋势趋同。第一阶段：平稳增长期（1991～2002 年）。1991 年中国玉米国内消费量 8614 万吨，2002 年增长到 11582 万吨，年均增幅 2.73%。第二阶段：快速增长期（2003～2008 年）。2003 年中国玉米国内消费量 11619 万吨，2008 年增长到 15565 万吨，年均增幅 6.02%。第三阶段：玉米消费量下降期（2009～2015 年）。2009～2011 年中国玉米国内消费量保持在 17000 万吨左右，2012 年以后出现连续下降，2015 年出现小幅回升，反弹至 18000 万吨的水平［见图 3－7（b）］。

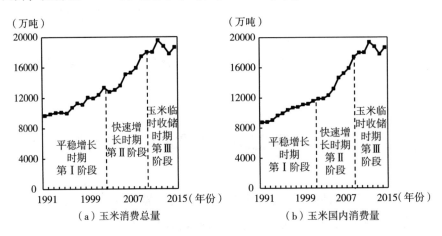

图 3－7　1991～2015 年中国玉米消费总量和国内消费量

资料来源：布瑞克数据库。

1995～2015 年，中国玉米出口分三个阶段。第一阶段：快速增长期（1995～2003 年）。1995 年中国玉米出口量为 10 万吨，2003 年增长到 1640 万吨，年均增长 89.17%［见图 3－8（a）］。第二阶段：急速下降期（2004～2008 年）。2008 年中国玉米出口量下降到 28 万吨，与 2003 年相比降幅达到 98.29%。第三阶段：微量出口期（2009～2015 年）。玉米临时收储政策实施后，中国玉米出口量急剧下降。2009 年中国玉米出口量为 12.91 万吨，2015 年减少到 1.11 万吨［见图 3－8（b）］，降幅达到 91.40%。

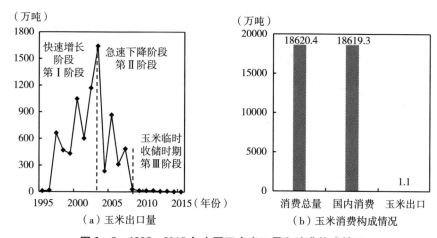

图 3-8　1995~2015 年中国玉米出口量和消费构成情况

资料来源：图 3-8（a）数据来自中国海关总署网站，图 3-8（b）数据来自布瑞克数据库。

通过上述分析可以得到以下结论：（1）中国玉米消费总量由国内消费量主导，国内玉米消费量与玉米消费总量变动趋势趋同。（2）玉米临时收储政策实施后，中国玉米总消费量明显下降。（3）中国玉米出口量急剧下降，甚至降低至"零值"。

2. 中国玉米消费结构变动特征

如图 3-9（a）所示，1991~2007 年，中国玉米饲用消费量保持增长趋势，1991 年为 6150 万吨，2007 年增加到 9480 万吨，年均增长 2.74%。玉米临时收储时期玉米饲用消费量呈"Λ"型变动趋势。2008 年为 9680万吨，2012 年增长至 13160 万吨。2013 年以后玉米饲用消费量大幅下滑，2015 年下降到 12220 万吨。从饲用消费量占总消费量的比例看，1991~2007 年比值呈"∩"型变动趋势。1991 年为 71.72%，1998 年上升到80.69%。1999 年以后开始下降，2007 年下降到 63.62%。玉米临时收储政策时期，比值呈"U"型变动趋势，2015 年稳定在 67% 左右。

如图 3-9（b）所示，1991~2007 年，中国玉米工业消费量快速增长，1991 年为 557 万吨，2007 年增长到 4350 万吨，增幅达到 680.97%。玉米工业消费量占国内玉米总消费量的比重在增加，1991 年为 6.50%，2007 年增加到 29.19%。玉米临时收储时期，玉米工业消费量呈"Λ"型变动趋势。2010 年达到峰值 5600 万吨，此后连续下降，2015 年下降到

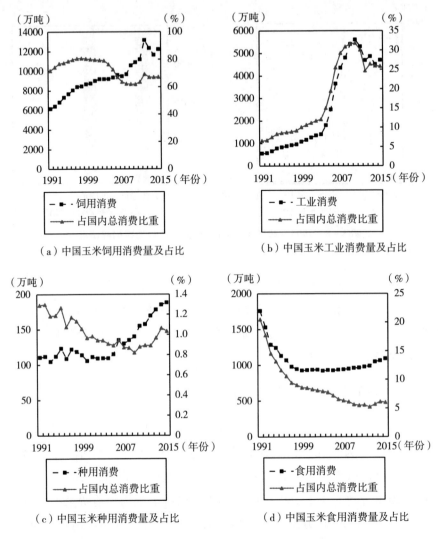

（a）中国玉米饲用消费量及占比　　　　（b）中国玉米工业消费量及占比

（c）中国玉米种用消费量及占比　　　　（d）中国玉米食用消费量及占比

图 3 - 9　中国玉米饲用、工业、种用、食用消费量及占比
资料来源：布瑞克数据库。

4700 万吨。玉米工业消费量占国内玉米总消费量的比重呈"Λ"型变动趋势，2010 年达到最高比例 31.78%，2015 年稳定在 26% 左右。

如图 3 - 9（c）所示，1991～2015 年，中国玉米种用消费量从 110.5 万吨增长到 188 万吨，增幅为 70.14%。玉米种用消费量占国内玉米总消费量的比重呈"V 型"变动趋势。1991 年为 1.29%，2011 年下降到 0.89%，2015 年增加到 1.03%。

如图 3-9（d）所示，1991～2015 年，中国玉米食用消费量呈先下降后稳定的变动趋势。1991 年为 1757 万吨，1999 年减少到 925 万吨，减幅达到 47.35%。2000～2015 年稳定在 1000 万吨左右。1991～2015 年，玉米食用消费量占玉米国内总消费量的比重逐年下降，1991 年为 20.50%，2015 年下降至 6.0%。

通过上述分析可以得到以下结论：（1）玉米饲用消费和工业消费是中国玉米消费的主要部分，两者占国内玉米消费总量的 93%。玉米临时收储时期，玉米饲用消费量和工业消费量均出现"Λ"型变动趋势，国内玉米消费量增速放缓甚至下降。（2）玉米临时收储期间，玉米种用消费和食用消费量比较平稳，没有出现太大变化。

3. 玉米临时收储时期中国玉米消费形成的新格局

（1）玉米总消费量转为缓慢增长甚至下降。玉米临时收储时期，中国玉米消费结束了年增千万吨的局面。2009 年中国玉米总消费量 18120 万吨，2010 年为 19585 万吨，2011 年为 21371 万吨，2012 年为 20808 万吨，2013 年为 21377 万吨，2014 年为 20301 万吨[①]。与玉米临时收储政策实施前相比，玉米临时收储政策实施后，中国玉米消费出现疲软状态，消费量增速从超高速、中高速逐渐转为缓慢增长甚至下降。

（2）玉米饲用消费量和工业消费量出现下滑。2008～2011 年，中国玉米饲用消费量在 10000 万吨水平波动，2013～2015 年玉米饲用消费量明显下滑。同样，玉米工业消费量出现类似情况。特别是 2010 年后玉米工业消费量大幅下降，2015 年也未曾恢复到 2008 年的水平[②]。

（3）玉米出口量下降至"零点"。2015 年中国玉米出口量下降至 1.1 万吨。2000～2007 年，中国玉米出口量年均 793 万吨，期间有 3 年超过 1000 万吨（2000 年 1047 万吨，2002 年 1168 万吨，2003 年 1640 万吨）。2008～2015 年，中国玉米出口量总和为 84 万吨，年均出口量仅为 10.5 万吨。如果按 2000～2007 年平均出口量折算，2008～2015 年中国玉米出口量减少了 6260 万吨[③]。

---

①② 资料来源：布瑞克农业数据库。
③ 资料来源：中国海关总署。

4. 关于玉米临时收储时期玉米消费量下降的讨论

尚强民（2014）认为世界银行、联合国粮农组织（FAO）以及国内外学者对中国 2020 年玉米需求量、进口量预测失准，主要是因为预测者没有弄清楚玉米临时收储时期中国玉米需求发生的真实变化。他认为脱离中国经济增长、消费习惯改变以及国内外粮食价差因素，仅仅基于城乡居民对畜产品强劲需求的假设预测中国未来的玉米需求量，根本无法得到可靠的结论。他指出 2008 后中国玉米消费发生了三方面变化：第一，随着中国经济增速放缓，以往强劲的玉米需求暂时终结，逐步进入消费疲软期。玉米消费需求与经济增长的同向变动关系，2003～2007 年及 2009～2014 年的 GDP 增长率与玉米消费量数据已经证实。第二，国内粮食消费逐渐趋于理性和常态化。政府层面大吃大喝的消费现象得到遏制，城乡居民层面节约粮食的习惯逐渐形成，上述行为均不同程度减少了中国玉米需求。第三，消费领域替代品冲击国内玉米市场。玉米临时收储时期，国家数次上调玉米临时收储价格，导致玉米消费领域出现国内市场以及国外市场的双重替代。在国内市场上，大量小麦进入饲料行业替代玉米消费。在国际市场上，大量进口的玉米替代品挤占国内玉米消费市场。

王梅（2014）对玉米消费量下降的原因作出了解释，认为有五个原因导致 2009 年以后中国玉米消费量下滑：第一，宏观经济增速放缓，国内外玉米需求减少。第二，养殖利润下滑以及疫情频发。第三，玉米深加工行业产能过剩，并出现持续亏损。第四，居民饮食习惯的改变（例如，增加素食消费，减少肉类消费）。第五，进口替代品冲击国内玉米消费市场。除上述原因外，出口通道受阻和严控玉米深加工业的政策也削减了玉米需求。玉米临时收储价格连续上调，国内玉米价格高于国际市场价格导致中国玉米无法出口。为保障饲料粮供应，2007 年国家出台政策将玉米深加工用粮控制在玉米消费总量的 26% 以内[①]，造成玉米工

---

① 2007 年 9 月 5 日，国家发改委印发的《关于促进玉米深加工业健康发展的指导意见》提出，"十一五"时期，玉米深加工业用粮规模占玉米消费总量的比例控制在 26% 以内；对玉米深加工项目实行核准制，列入限制类外商投资产业目录，并原则上不再核准新建玉米深加工项目。资料来源：国家发改委网站。

业消费量大幅下降。

3.3.2 中国玉米供给过剩中供给侧结构分解

1. 中国玉米供给总量变动特征

玉米消费疲软状态下，玉米供求格局主要取决于供给侧。如图 3 - 10 所示，1991 ~ 2015 年，中国玉米供给量（主要由玉米产量、进口量和库存量构成）变化分三个阶段。第一阶段：快速增长期（1991 ~ 1999 年）。1991 年中国玉米总供给量 12503 万吨，1999 年增长到 20636 万吨，年均增幅 6.46%。第二阶段：小幅波动期（2000 ~ 2008 年）。2000 年中国玉米总供给量为 19223 万吨，此后四年连续下滑，2003 年下降至 16862 万吨，2004 年开始回升，2008 年恢复到 2000 年的水平。第三阶段：迅猛增长期（2009 ~ 2015 年）。中国玉米总供给量出现大幅增长。2009 年为 21053 万吨，2015 年增加到 42749 万吨，年均增长率为 12.53%。

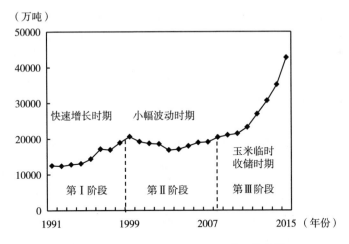

图 3 - 10　1991 ~ 2015 年中国玉米总供给量

资料来源：布瑞克数据库。

2. 中国玉米总产量的变动特征

如图 3 - 11 所示，1991 ~ 2015 年，中国玉米总产量分三个阶段。第一阶段：平稳增长期（1991～2003 年）。中国玉米总产量呈螺旋式波动增长。1991 年，中国玉米总产量为 9877 万吨，1999 年增长到 12809 万吨，年均增幅 3.30%。2000～2003 年，中国玉米总产量呈增减交替变动趋势。第二阶段：快速增长期（2004～2008 年）。2004 年为 13028 万吨，2008 年增长到 16591 万吨，年均增长率 6.23%。第三阶段：爆发式增长期（2009～2015 年）。2009 年为 16397 万吨，2015 年增长到 22463 万吨，增幅达到 36.99%。

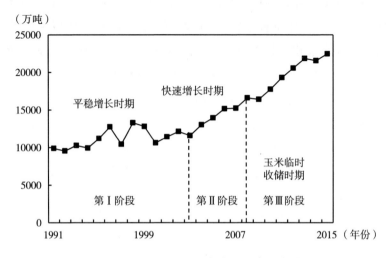

图 3 – 11　1995～2015 年中国玉米总产量

资料来源：国家统计局网站。

　　如图 3 – 12（a）所示，1991～2015 年，中国玉米播种面积变化分三个阶段。第一阶段：平稳增长期（1991～2003 年）。1991 年中国玉米播种面积为 2157 万公顷，2003 年增加到 2407 万公顷，净增加 250 万公顷，年均增幅为 0.92%。第二阶段：快速增长期（2004～2008 年）。2004 年中国玉米播种面积量为 2545 万公顷，2008 年增长到 2986 万公顷，年均增长率 3.17%。第三阶段：爆发式增长期（2009～2015 年）。2009 年中国玉米播种面积为 3118 万公顷，2015 年增长到 3812 万公顷，年均增加 115.7 万公顷。

　　如图 3 – 12（b）所示，1991～2015 年，中国玉米单产变化分三个阶段。第一阶段：小幅波动期（1991～2003 年）。中国玉米单产在每亩 305～350 公斤的范围波动。第二阶段：平稳增长时期（2004～2008 年）。中国

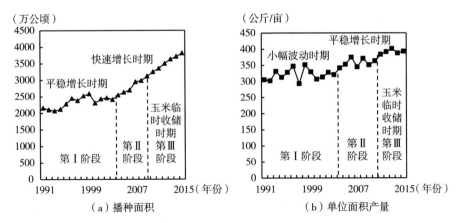

图3-12　中国玉米播种面积和单位面积产量

资料来源：图3-12（a）、3-12（b）数据均来源于国家统计局。

玉米单产呈现平稳增长趋势，2004年为每亩341公斤，2008年增长到每亩371公斤，增幅为8.80%。第三阶段：相对稳定期（2009~2015年）。中国玉米单产逐渐趋于稳定，特别是2012年后，保持在每亩390公斤左右。

对比1991~2015年的数据可以得出如下结论：（1）平稳增长期，玉米产量增长主要得益于玉米播种面积扩大，玉米单产增加对玉米总产量增加的贡献相对较小。（2）快速增长期，玉米产量增长是由玉米播种面积扩大和玉米单产增加双重因素引起的。（3）玉米临时收储时期，玉米产量爆发式增长主要与玉米播种面积快速增长密切相关。特别是2012年后，玉米产量增长几乎完全来源于玉米播种面积扩大。

3. 中国玉米进口量的变动特征

如图3-13所示，2000~2015年，中国玉米进口量分两个阶段：第一阶段，微量进口阶段（2000~2008年）。玉米临时收储政策实施前，中国玉米进口量几乎可以忽略不计。第二阶段，急剧增长阶段（2009~2015年）。玉米临时收储政策实施后，中国玉米进口量急剧增加。2009年中国玉米进口量为8.35万吨，2010年迅猛增长到157万吨，2012年达到519万吨，2015年恢复到473万吨的水平。如果以2009年为起点，玉米临时收储政策时期，中国玉米进口总量为1910万吨，这意味着国外输入性玉米供给量达到1910万吨。

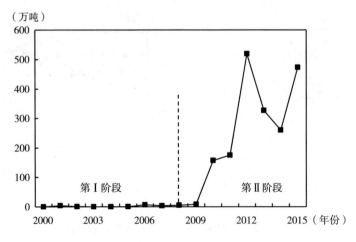

图3－13　2000～2015年中国玉米进口量

资料来源：中国海关总署网站。

4. 玉米临时收储时期中国玉米供给面临的新形势

（1）玉米总供给量迅猛增加。2009～2015年，中国玉米总供给量净增加21696万吨（与2015年玉米总产量相当），年均增长3616万吨。玉米临时收储时期，中国出现"玉米总产量、玉米进口量和玉米库存量"三量齐增的现象，即在国内玉米产量迅猛增长的同时，玉米进口量和库存量也出现大幅增长。

（2）玉米总产量爆发式增长。2009～2015年，中国玉米总产量年均增速5.39%。2003年前中国玉米总产量增长率并不高，2004年结束了玉米总产量平稳增长状态，开始出现快速增长趋势，这主要与支农惠农政策有关。1998年粮食产量下滑后，国家加大种粮补贴力度鼓励粮食生产。玉米临时收储期间，国家逐年上调玉米收储价格，调动了农民生产积极性，玉米播种面积快速增长。

（3）玉米从微量进口状态转变为大量进口状态。2000年前中国玉米进口量比较少（仅有几十万吨的水平，只有1995年达到518万吨），2000年后中国玉米进口量多年保持微量进口状态（仅有几万吨的水平）。值得注意的是，玉米临时收储政策实施后，中国玉米微量进口状态被打破，2010年后中国玉米进口量达到几百万吨的水平。

5. 关于玉米临时收储时期玉米供给增加的讨论

玉米临时收储时期，中国玉米供给增加主要有两个原因：第一，玉米临时收储价格大幅上涨，改变了玉米与玉米替代作物的价格比，农民选择种植收益更高的玉米，放弃或减少玉米替代作物（大豆、棉花、小麦、油菜、花生）的种植，农民的替代种植行为导致玉米播种面积快速增长，造成玉米总产量迅猛增加。第二，在国际市场粮价稳定背景下，玉米临时收储价格逐年上涨，造成国内外玉米价差拉大，中国饲料企业对进口玉米的需求增加。至此，H_{3-2}得到证实。

3.4 中国玉米供给"阶段性过剩"的论证

3.4.1 中国玉米中长期消费形势分析

随着中国人口增长、城乡居民食品消费结构升级、国内外粮食价差变化以及玉米产业政策调整，未来中国玉米消费量将会增加。国内外学者采用营养价值法、食物供求一般均衡法、供给法、需求法、多边市场经济模型、灰色预测、Logistic 模型、系统动力学模型、SWOPSIM 模型、BP 神经网络模型等方法预测中国中长期玉米和饲料粮消费量。

廖永松等（2004）预设人口增长率、城镇化率、收入增长率等条件，采用 CAPSIM – PODIUMC 模型，预测中国 2020 年玉米需求量为 18640 万吨。胡小平等（2010）根据人的营养需求以及玉米消费结构变化趋势，采用营养价值标准法和内推法估算 2020 年中国玉米需求量为 23019 万吨。李志强等（2012）根据人口增长情况、城镇化进程、膳食结构变化等影响因素，采用多市场经济模式（economy-wide multi-market model，EMM）预测中国 2020 年和 2030 年玉米需求量分别为 19300 万吨和 20500 万吨。吕新业等（2012）基于历史数据外推，采用二次移动平均法估算出 2020 年中国玉米需求量为 27786 万吨。陈永福等（2015）综合考虑经济增长率、人口增长率、城镇化率、食品消费结构改变等因素，基于局部均衡理论从限制玉米工业需求和不限制玉米工业需求两种情况,预测了中国玉米需求量。如果不限制玉米工业需求,中国 2020 年玉米需求量为 25116 万吨,2025 年为 29644 万吨;如果限制玉米工业需求,中国 2020 年玉米需求量为 20351 万吨,2025 年为 21749 万吨。尹靖华 (2015) 基于中等速度的人口增速,采用灰色预测方法估算出中国 2020 年和 2030 年玉米需求量分别为 23481 万吨和 33882 万吨。

张绪美等 (2015) 基于饮食习惯、可支配收入、饲料产量和耕地面积,采用 Logistic 模型预测中国 2020 年和 2030 年饲料粮需求量分别为 25273 万吨和 27702 万吨。韩昕儒等 (2014) 根据调整后的畜产品产量和修正后的饲料转换率,估算中国 2010 年饲料粮需求量为 20002 万吨。王明华 (2012) 根据畜产品、水产品产量以及耗粮系数,估算 2010 年中国饲料粮需求量为 20350 万吨。国家统计局重庆调查总队 (2012) 基于上年粮食产量、人口数量、城镇化率、居民收入水平、粮食价格指数、农林牧渔业总产值,采用 BP 神经网络模型测算中国 2020 年饲料粮需求量为 16592 万吨。陈宁玲等 (2010) 综合考虑了规模化养殖和农户散养生猪不同阶段饲料转换率差异以及耗粮系数,测算出中国 2015 年饲料粮需求量为 11858 万吨。马永欢等 (2009) 根据畜产品产量以及粮食转化系数,基于系统动力学原理及方法,仿真模拟出中国 2020 年饲料粮需求量为 18028 万吨。刘旗等 (1998) 基于历史数据推算法,考虑人口增长、耕地减少、消费结构变化以及间接粮食消费的影响,测算出中国 2010 年饲料粮需求量为 18372 万吨。波尔·克鲁普顿等 (1994) 基于畜产品需求,采用 SWOPSIM 模型估算出中国 2000 年饲料粮需求量为 14200 万吨。

上述方法预测结果表明,中国中长期玉米消费量(饲料粮需求量)将会继续增加。由于中国玉米种用消费量和食用消费量较少并且相对稳定,基于历史数据的平均增长率推算具有合理性,本书采用历史外推法预测中国未来玉米种用消费量和食用消费量。参照 2008 ~ 2015 年玉米种用消费年均增加量,预测 2020 年和 2025 年玉米种用消费量,经估算分别为 226 万吨和 264 万吨。[①] 中国玉米食用消费增长动力来源于两方面:第一,人口

---

① 2020 年和 2025 年玉米种用消费量是根据 2008 ~ 2015 年玉米种用消费年均增加量推算得到。

增长带来的刚性需求增加。第二，城镇居民注重健康饮食，增加了对玉米等粗粮的消费。由于玉米食用消费量占总消费量的比例较小，参照 2008～2015 年玉米食用消费年均增加量，推算 2020 年和 2025 年玉米食用消费量，经估算分别为 1193 万吨和 1295 万吨①。

为缓解饲料养殖业与玉米深加工业之间的用粮矛盾，国家出台了"玉米深加工消费量不得超过玉米总消费量的26%"的限制性政策，因此 2020 年和 2025 年中国玉米工业消费量按照 26% 的比例进行折算。中国玉米出口量的预测，本书选用 1995～2015 年中国玉米平均出口量（368 万吨）作为预测值。玉米饲用消费量是中国中长期玉米消费量占比最大的部分，本书基于人口增长、居民膳食营养需求标准、居民肉蛋奶需求量、耗粮食系数以及玉米占饲料粮比重，测算中国 2020 年和 2025 年玉米饲用消费量，主要思路和步骤如下：

（1）确定 2020 年和 2025 年中国人口数量。本书采用国务院印发的《国家人口发展规划（2016－2030 年）》中人口预测数据：2020 年和 2025 年中国人口将分别达到 14.2 亿人和 14.5 亿人。

（2）测算 2020 年和 2025 年中国肉类、奶及奶制品、水产品消费总量。中国营养学会《中国居民膳食指南 2016》，将中国居民每人每天需要摄入的食品种类以及数量以宝塔层级形式罗列出来。如图 3－14 所示，膳食宝塔分为五层（本书只关注中国居民肉蛋奶以及水产品消费需求层级）。第三层显示中国每人每天需要摄入畜禽肉 40～75 克，水产品 40～75 克，蛋类 40～50 克②；第四层显示中国每人每天需要摄入奶及奶制品 300 克。由于人群个体差异较大，本书选用参考值均值，畜禽肉 57.7 克、水产品 57.5 克、蛋类 45 克。将肉类划分为猪肉、牛肉、羊肉，并按照 91.98∶3.77∶4.25 消费比例计算（根据 2015 年全国人均猪肉、牛肉、羊肉消费量折算消费比例），即猪肉 52.89 克、牛肉 2.18 克、羊肉 2.63 克③。根据上述相关数据，测算出 2020 年中国猪肉需求量为 2741 万吨、牛肉 112 万吨、羊肉 136 万吨、水产品 2980 万吨、蛋类 2332 万吨、奶

---

① 2020 年和 2025 年玉米种用消费量是根据 2008～2015 年玉米种用消费年均增加量推算得到。

② 中国营养协会. 中国居民膳食指南 2016 [M]. 北京：人民卫生出版社，2016.

③ 资料来源：国家统计局网站。

及奶制品 15549 万吨，2025 年中国猪肉需求量 2750 万吨、牛肉 113 万吨、羊肉 137 万吨、水产品 2990 万吨、蛋类 2340 万吨、奶及奶制品 15603 万吨①。

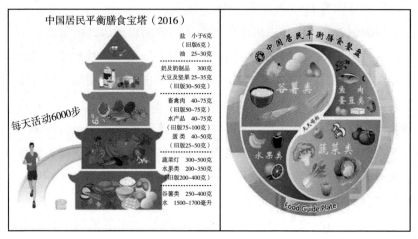

（a）中国居民平衡膳食宝塔　　　　　（b）中国居民平衡膳食餐盘

图 3－14　中国居民膳食指南

资料来源：中国居民膳食指南（2016）［M］．人民卫生出版社，2016：3.

（3）选择耗粮系数，计算饲料粮耗费量。由于饲养标准不同、规模化程度不同、饲养水平不同，禽肉耗粮系数存在较大差异。本书在调研饲料企业、养殖企业以及参考文献资料的基础上，选择中等水平耗粮系数：猪肉3.0∶1，牛肉3.6∶1，羊肉2.7∶1，水产品0.4∶1，蛋类2.7∶1，奶及奶制品0.5∶1②。根据肉蛋奶以及水产品需求量以及耗粮食系数，测算出 2020 年饲料粮需求量为 24262 万吨，其中猪肉耗粮 8224 万吨、牛肉耗粮 407 万吨、羊肉耗粮 368 万吨、水产品耗粮 1192 万吨、蛋类耗粮 6297 万吨、奶及奶制品耗粮 7774 万吨；2025 年饲料粮需求量为 24348 万吨，其中猪肉耗粮 8253 万吨、牛肉耗粮 408 万吨、羊肉耗粮 369 万吨、水产品耗粮 1196

---

① 2020 年和 2025 年中国猪肉、牛肉、羊肉、水产品、蛋类、奶及奶制品数据是根据人口数量和人均消费量推算得到。

② 由于养殖模式不同，耗粮系数也不同。本书在参考王明华、辛贤、尹坚、蒋乃华、刘灵芝、王雅鹏、潘瑶等学者研究成果的基础上，结合对成都铁骑力士饲料有限公司的调研，确定了中等水平耗粮系数。

万吨、蛋类耗粮 6320 万吨、奶及奶制品耗粮 7802 万吨[①]。

（4）根据饲料粮中玉米消费比例，测算玉米饲用消费量。根据对饲料企业和养殖企业的调查，玉米在配方中的占比约为 60%~70%[②]。本书选用中间值 65% 的比例，经测算 2020 年和 2025 年玉米饲用消费量分别为15770 万吨和 15826 万吨。结合上文对玉米食用消费量、种用消费量、饲用消费量以及工业消费量的测算，可以得到 2020 年和 2025 年玉米消费量的估算值（见表 3 -2）。

表 3 -2　　　　　　　　中国中长期玉米消费量预测值　　　　　　单位：万吨

年份	种用消费	食用消费	饲用消费	工业消费	玉米出口	玉米总消费
2020	226	1193	15770	6039	368	23596
2025	264	1295	15826	6108	368	23861

注：玉米工业消费量根据玉米总消费量的 26% 估算得出；表中玉米出口量根据 1995 ~2015 年中国玉米出口平均值测算。

3.4.2　中国玉米中长期供给形势分析

玉米播种面积和玉米单产是决定玉米产量的关键性因素，而玉米供给形势主要取决于玉米产量。玉米产量受到播种面积、水资源分布情况、生态环境、气候变化、复种指数、灌溉面积、农业科技、农机推广以及生产组织形式等众多因素的综合影响。学者们采用灰色 GM（1，1）模型、ARIMA 模型、EMD 模型、积分回归模型、市场均衡模型、二次移动平均法、多元回归模型、Logstic 模型、AEZ 模型、系统力学模型、CERES-Maize 模型以及贝叶斯模型预测中国中长期玉米和饲料粮消费量。

李国强等（2017）利用 2001 ~2015 年数据，构建灰色 GM（1，1）模型预测黄淮海地区玉米总产量。陈上等（2017）基于历史气象数据，采用 K-NN 算法以及 CERES-Maize 模型，构建玉米产量动态预测系统。苏日古嘎（2017）基于 2000 ~2014 年的数据，采用自回归积分滑动平均模型（autoregressive integrated moving average model，ARIMA），估算出 2020 年和

[①]　各种肉类耗粮数量是根据人口数量、各种肉类人均消费量以及耗粮系数综合折算得出。

[②]　玉米在配方中的占比数据来源于对成都铁骑力士饲料有限公司的调研。

2050 年中国玉米产量将达到 24026 万吨和 25920 万吨。白梦娇等（2016）采用 EMD 模型，测算出中国 2020 年和 2025 年玉米总产量为 27483 万吨和 30264 万吨。魏杰（2015）基于山西省玉米产量历史数据，采用二次指数移动平滑预测法，估算出山西省 2018 年玉米产量为 1277 万吨。马玉平等（2015）关注到气候变化对中国玉米产量的影响，采用积分回归模型和最新气象预测数据，估算出未来 40 年中国玉米单产将出现下降，但下降幅度不超过 5%。杨艳涛等（2014）构建市场均衡模型，测算出中国 2020 年和 2025 年玉米总产量分别为 24026 万吨和 25920 万吨。吕新业等（2012）基于历史数据，采用二次移动平均法估算出中国 2020 年玉米产量为 23130 万吨。

吉奇（2012）利用玉米单产数据以及气候资料数据，使用多元回归模型和 Logstic 模型预测本溪县玉米单产量，准确率高达 90%。蔡承智等（2011）采用光能利用率数据、玉米单产历史数据和农业生态区法（agro-ecological zoning，AEZ），测算中国玉米单产理论值将按 1% ~ 2% 的速度增长。王春晖等（2011）采用系统力学方法，将玉米生产、需求、收购与库存进行系统建模，测算了中国玉米总产量。周永娟等（2009）基于气候环境因素（降水量、玉米生产期积温、五至十月总日照时数）、土壤环境因素（氮、磷、钾以及有机质含量）和施肥情况（氮、磷、钾以及有机肥使用量），构建预测玉米单产的统计模型。熊伟等（2008）结合区域气候，利用 CERES – Maize 模型，估算出中国未来玉米主产区单产量会普遍减少。张文英等（2007）利用河北省玉米数据，采用灰色系统理论的 GM（1，1）模型，估算出河北省 2030 年玉米单产可达到每亩 1003.5 公斤。林光（1989）根据贝叶斯原理，通过计算实验概率测算毕节市玉米亩产量，经估算正确率高达 92%。

本书采用历史数据模拟和外推法预测中国中长期玉米供给量，核心思想为考虑玉米单产和玉米播种面积在多方案条件下形成的预期总产量。根据 2015 年 11 月农业部出台的《关于"镰刀弯"地区玉米结构调整的指导意见》，到 2020 年将"镰刀湾"地区玉米种植面积减少 5200 万亩，因此将 2020 年玉米播种面积设为 51979 万亩（2015 年为 57179 万亩）。2020 ~ 2025 年玉米播种面积按照 1949 ~ 2008 年中国玉米播种面积年均增长率测算。玉米单产设定五种模拟方案，根据中华人民共和国成立以来不同阶段的玉米单产增量进行预测。方案 1：1949～1978 年（改革开放前 30 年），年均单产增加量 4.09 公斤；方案 2：1979～2008 年（改革开放后 30 年），年均单产增加量 5.72 公斤；方案 3：1949～2008 年（中华人民共和国成立后 60 年），年均单产增加量 5.10 公斤；方案 4：2006～2015 年，年均单产增加量 5.70 公斤；方案 5：2011～2015 年，年均单产增加量 5.60 公斤。

根据上述测算思路：2020 年，方案 1 中玉米年均单产每亩 4.09 公斤，5 年累积单产增量每亩 20.45 公斤，玉米播种面积 51970 万亩，玉米预期总产量为 21484 万吨。方案 2 中玉米年均单产每亩 5.72 公斤，5 年累积单产增量每亩 28.60 公斤，玉米播种面积 51970 万亩，玉米预期总产量为 21907 万吨。方案 3 中玉米年均单产每亩 5.10 公斤，5 年累积单产增量每亩 25.50 公斤，玉米播种面积 51970 万亩，玉米预期总产量为 21747 万吨。方案 4 中玉米年均单产每亩 5.70 公斤，5 年累积单产增量每亩 28.50 公斤，玉米播种面积 51970 万亩，玉米预期总产量为 21902 万吨。方案 5 中玉米年均单产每亩 5.60 公斤，5 年累积单产增量每亩 28.0 公斤，玉米播种面积 51970 万亩，玉米预期总产量为 21356 万吨（见附录 2）。

2025 年，方案 1 中玉米年均单产每亩 4.09 公斤，10 年累积单产增量每亩 40.9 公斤，玉米播种面积 56352 万亩，玉米预期总产量为 24444 万吨。方案 2 中玉米年均单产每亩 5.72 公斤，10 年累积单产增量每亩 57.2 公斤，玉米播种面积 56352 万亩，玉米预期总产量为 25361 万吨。方案 3 中玉米年均单产每亩 5.10 公斤，10 年累积单产增量每亩 51.0 公斤，玉米播种面积 56352 万亩，玉米预期总产量为 25015 万吨。方案 4 中玉米年均单产每亩 5.70 公斤，10 年累积单产增量每亩 57.0 公斤，玉米播种面积 56352 万亩，玉米预期总产量为 25351 万吨。方案 5 中玉米年均单产每亩 5.60 公斤，10 年累积单产增量每亩 56.0 公斤，玉米播种面积 56352 万亩，玉米预期总产量为 24167 万吨[①]（见附录 2）。

中国 2020 年、2025 年玉米总产量平均预测值分别为 21679 万吨和 24868 万吨（见附录 2）。与 2015 年相比，2020 年玉米总产量将会减少，主要是因为调整农业种植结构，削减了玉米播种面积。2025 年玉米总产量

---

① 通过核对现实数据，方案 5 的预测结果最接近 2020 年的玉米产量。

将稳步增长,主要是由于人口增长引发的玉米需求增长,促使玉米播种面积扩大。中国中长期玉米进口需求将增加,目前中国实行玉米进口配额制(上限为 720 万吨),采用 2010～2015 年玉米进口量平均值(318 万吨)作为预测值,经测算 2020 年和 2025 年中国玉米总供给量分别为 21997 万吨和 25185 万吨(见附录 2)。

3.4.3 中国玉米供给"阶段性过剩"的依据

中国玉米供给过剩具有暂时性和阶段性,主要有三点依据:第一,国家下调玉米临时收储价格,有利于堵住替代品进口,增加国内玉米消费、削减玉米供给。第二,国家调减玉米播种面积(按照规划 2020 年减少 5200 万亩),玉米单产的增加无法弥补玉米播种面积减少带来的总产量下降(玉米总产量下滑成为不可逆转的趋势)。第三,人口刚性增长和食品消费结构升级将带来中长期玉米需求增加。2020 年玉米消费需求量将超过 23000 万吨(见表 3-3),那时将出现玉米需求缺口,玉米临时收储政策时期形成的玉米库存将填补玉米需求缺口(2020 年玉米库存将回归正常,保持社会必要库存量水平)。2025 年中国玉米总供给量将达到 25000 万吨,需求量约为 23861 万吨[1](略低于供给量,供求处于紧平衡状态),2021～2025 年主要通过增加玉米播种面积来弥补出现的玉米需求缺口(通过扩大玉米播种面积实现了国内玉米供求的再平衡)。

表 3-3 　　　　　　　**2020 年和 2025 年中国玉米供求格局**　　　　　单位:万吨

时段	玉米总需求量	玉米总供给量	余缺量	供求状态
2020 年	23596	21997	-1599	玉米供求基本平衡,玉米供给缺口由临时收储政策时期形成的高量玉米库存填补,随着消费增长和产量下降的双重作用,庞大的玉米库存将降至社会必要水平
2025 年	23861	25185	+1324	玉米供求实现再平衡,玉米供给缺口由玉米播种面积扩大带来的增量玉米产量弥补,玉米供给略大于玉米需求,玉米高量库存现象消失,玉米库存量回到正常水平

注:表中社会必要库存量和正常玉米库存量均是指 30% 库存消费比标准下的玉米库存量。

---

[1] 2020 年和 2025 年玉米总需求量数据和玉米总供给量数据是预测数据。

由此，H_{3-3}得到证实。

3.5　中国玉米供给过剩的历史比较与特征

如表 3 - 4 所示，改革开放后中国出现过三次玉米供给过剩。第一次：1983 ~ 1984 年。1983 年粮食主产区出现局部性、小规模玉米供给过剩，1984 年玉米丰收后局部性过剩逐渐演变成全国性过剩，各省份均出现不同程度的储粮难、卖粮难和运粮难问题。20 世纪 80 年代出现玉米供给过剩主要有两个原因：第一，推行家庭联产承包责任制，释放了农民被压抑的生产积极性。人民公社时期（1958 ~ 1983 年）中国玉米年均产量为 3064 万吨，1984 年为 7340 万吨[①]（为人民公社时期年均产量的 240%）。林毅夫教授测算，1980 ~ 1984 年中国农业增长的 47% 得益于家庭联产承包责任制的实施[②]。第二，提高粮食价格。1979 年国家将粮食统购价提高 20%，超购价在提升后的统购价基础上加价 50%，玉米、小麦、谷子、稻谷、高粱和大豆 6 个粮食品种平均价格涨幅达到 20.9%[③]。第二次：1996 ~ 1998 年。1996 年政府把粮食订购价在原有基础上提升了 42.3%[④]，并承诺敞开收购农民余粮。提价政策和收购承诺引发了玉米播种面积和玉米产量的快速增长，导致全国出现玉米供给过剩。1996 年玉米播种面积为 36747 万亩，1998 年增加到 37857 万亩；1996 年玉米产量为 12747 万吨，1998 年增加到 13295 万吨[⑤]。第三次，玉米临时收储时期。2015 年玉米播种面积和产量达到历史最高点，玉米库存量超过全年玉米消费量。由于玉米临时收储价格大幅上涨，在玉米的生产和消费领域引发了"国内生产替代、国外进口替代和国内消费替代"。

[①][⑤]　资料来源：国家统计局。

[②]　林毅夫. 解读中国经济 [M]. 北京：北京大学出版社，2012.

[③]　韩志荣，冯亚凡. 新中国农产品价格四十年 [M]. 北京：水利电力出版社，1992.

[④]　黄汉权. 1996 年国家提高粮食定购价格的经济影响分析和对策建议 [J]. 价格月刊，1996（8），20 - 21.

表 3 - 4 　　　　　　　　　　不同阶段中国玉米供给过剩的比较

时期	主要表现	市场环境	主要原因
1983~1984 年	(1) 玉米价格大幅度下跌,粮食价格处于谷底水平; (2) 库存量超过合理水平,超额量为玉米 1~2 个月的消费量; (3) 卖粮难、储粮难、运粮难	(1) 中国尚未加入 WTO,国内粮食市场受国际粮食市场影响小; (2) 中国尚未放开和改革国内粮食市场	(1) 粮食价格提升带来玉米产量过快增长; (2) 家庭联产承包责任制产生的激励,释放了压抑的生产积极性
1996~1998 年	(1) 玉米价格下降较快,玉米价格处于历史低位; (2) 玉米库存量超过正常库存量约 6 个月消费量; (3) 粮食销售危机、粮食仓容危机	(1) 中国尚未加入 WTO,随着国际贸易的发展,国内粮食市场受国际粮食市场影响开始变大; (2) 中国逐步放开粮食市场,基本上完成粮食流通体制改革	(1) 政府提高粮食保护价和承诺敞开收购农民余粮,引发了玉米播种面积扩大和产量快速增长
2008~2015 年	(1) 玉米库存量与 1 年的玉米消费量相当; (2) 玉米价格出现延缓和累积下跌效应,玉米支持价格下调后玉米市场价格出现断崖式下跌; (3) 玉米出现积压	(1) 中国已经加入 WTO,面临着国际国内互动的两个市场,在自由贸易条件下参与国际竞争; (2) 国内基本上实现了市场化导向的粮食市场改革	(1) 玉米临时收储价格连年上涨带来玉米过度生产; (2) 国内外粮食价差导致国内玉米替代品进口,挤占国内玉米消费市场; (3) 小麦玉米价差变小,导致国内小麦替代国内玉米

与前两次玉米过剩相比,第三次玉米过剩(玉米临时收储时期)具有显著特征:(1) 价格存在延缓和累积下跌效应。前两次玉米供给过剩伴随着玉米市场价格同期下跌,第三次玉米供给过剩并未出现玉米市场价格同期下跌,而是出现了价格的延缓和累积效应,主要是由于玉米临时收储价格的支撑作用。(2) 面临市场化竞争下的两种市场和两种价格影响。前两次玉米供给过剩是在中国尚未加入 WTO 以及国内粮食市场化程度较低的情况下出现的,第三次玉米供给过剩面临国内外两个市场,存在国际国内两种玉米价格影响机制。(3) 面临更加复杂的玉米贸易以及玉米深加工政策。(4) 形成原因更加多元化。前两次玉米供给过剩是由价格激励下的生产过度引起的,第三次则是玉米临时收储价格上涨后,在玉米生产和消费领域引发了三重替代,最终导致玉米供给过剩。

3.6　本章小结

　　本章借鉴多市场模型中价格影响机制思维，使用农产品供需平衡表分类法，采用群组差异分解法，分析了中国玉米供给消费侧变化情况。通过对比临时收储政策实施前后的玉米库存量变化数据、同期中美两国玉米库存量以及库存消费比数据、联合国粮农组织（FAO）18%库存消费比标准和30%库存消费比标准数据，证明了玉米临时收储时期中国玉米供给过剩的基本现实。通过结构分解发现：玉米临时收储政策实施后，中国玉米消费总量出现疲软状态，玉米饲用消费、工业消费、出口消费均出现下降。与此同时，中国玉米供给出现迅猛增长态势，玉米总产量和进口量出现快速增长。基于营养价值法和历史外推法，预测了中国 2020 年和 2025 年的玉米供求格局，证实了现阶段中国的玉米供给过剩是"短暂性、阶段性"过剩，随着人口增长、玉米生产政策调整以及玉米库存消耗，中国玉米供给过剩现象将会消失。通过对玉米临时收储时期、1983～1984 年、1996～1998 年玉米供给过剩的比较，发现临时收储时期玉米供给过剩具有明显的新特征。例如，出现价格延缓和累积下跌效应，处于 WTO 框架下的自由贸易环境中，面临更加复杂的玉米贸易与玉米深加工政策。正因如此，新时期玉米供给过剩的形成原因与前两次存在差异：前两次是由价格激励下的生产过度引起的，新时期是由于玉米临时收储价格上涨，在玉米生产和消费领域引发了三重替代，最终导致玉米供给过剩。

第4章

国内生产替代与玉米
供给过剩

国内生产替代是指在种植领域玉米挤占玉米替代作物，玉米播种面积迅速增长，玉米替代作物播种面积急剧下降，导致国内玉米产量增加，造成国内玉米供给过剩。玉米替代作物是指在与玉米具有重叠的生长期，且与玉米在生产要素上存在竞争关系的粮食作物或经济作物。具体而言，书中主要指大豆、棉花、小麦、油菜和花生。在土地要素稀缺和存在多种替代作物条件下，价格机制与农产品供给之间的传导效应比较复杂，这根源于微观经济主体农户具有多样化的生产决策。上述思想可以归纳为"（某种）农产品价格变动→不同农产品品种之间的比较效益改变→农户调整种植结构→（某种）农产品供给量发生变化"的传导效应。玉米临时收储政策实施后，国家大幅度提高玉米收储价格以及敞开收购农民玉米（玉米效益增加以及销路不愁），打破了各品种之间原有的收益平衡关系，在比较效益驱动下农户做出利己的市场化决策，选择种植收益较高的玉米，放弃种植收益相对较低的玉米替代作物。

对比现实数据发现，玉米临时收储时期玉米播种面积和产量均大幅增长，与此同时以大豆、棉花为代表的玉米替代作物播种面积和产量大幅下降。玉米挤占玉米替代作物（玉米出现过度生产），成为玉米供给过剩的主要原因之一。本章主要论证两个问题：第一，玉米价格上涨导致玉米与大豆、棉花、小麦、油菜、花生的价格比上升，由此造成玉米播种面积增加，大豆、棉花、小麦、油菜、花生播种面积减少。第二，采用"反事实法"模拟"如果玉米价格不上涨，维持原有的价格比关系，玉米将少生产多少"，以此论证国内生产替代对中国玉米供给过剩的影响。

4.1　理论基础与影响机制

4.1.1　理论基础

价格机制与农产品供给之间的传导效应默认了农民是理性人的假设，上述前提是分析玉米价格变化引起农户种植行为调整的理论基石。舒尔茨（Schultz，1964）认为小农在生产决策中对要素资源的配置相当有效率，农民始终是在资源约束条件下追求利润最大化，他们对农产品的市场价格、生产成本以及种植收益有着灵敏的反应。波普金（Popkin，1979）深化了"理性小农"理论，他认为农民等同于精于算计的资本主义企业家，农民是一个能够权衡长期和短期利益，为追求最大利益做出正确决策的理性生产者。巴克斯（Backus，1997）认为，自由市场环境中农民种植决策行为是对农产品价格变化做出的反应。随着中国农业的发展以及农产品市场化改革，中国逐步从自给自足的传统农业过渡到以市场为导向的商品农业，农民生产决策行为越来越受农产品市场价格的影响，理性小农假设符合中国的实际情况。

4.1.2　影响机制

在土地要素稀缺和多种替代作物并存条件下，某种农产品价格变动将会引导理性小农做出种植结构调整。假如玉米价格大幅上涨，玉米与玉米替代作物之间原有的平衡收益关系被打破，失衡的种植收益关系将引起土地、劳动力、资金等生产要素资源的重新组合与配置（见图4-1），农民将投入更多的要素资源种植玉米，减少玉米替代作物的要素投入，表现为玉米种植面积快速增长，玉米替代作物播种面积减少（或者玉米产量增加，玉米替代作物产量减少）。当这种失衡的种植收益关系持续时间较长或者短期内无法调整时，就会出现玉米供给过剩与玉米替代作物供给不足的情况。

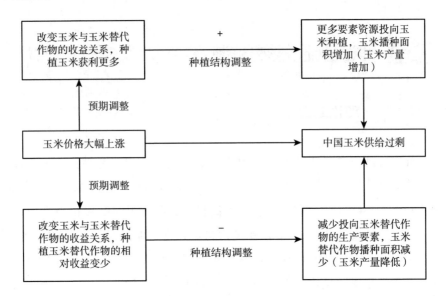

图 4 – 1　玉米价格上涨引起的传导效应

4.1.3　现实数据对比

1. 玉米与玉米替代作物价格比变动

玉米替代作物是指在同一区域与玉米具有重叠的生长期，且与玉米在生产要素上存在竞争关系的粮食作物或者经济作物。本书在综合考虑区域熟制、品种差异和生长期冲突的基础上，选取大豆（soybean）、小麦（wheat）、棉花（cotton）、油菜（rape）、花生（peanut）作为玉米（maize）的替代作物（由于高粱、大麦等杂粮价格数据缺失，书中不考虑它们与玉米的替代关系）。农产品价格比是指同一时间、同一市场不同农产品品种之间形成的价格比关系，反映了各品种曾经的价格信息和要素资源配置情况,本质上体现了各品种的收益关系,是国家调控农产品价格和调整农业种植结构的重要依据。

玉米临时收储政策实施后,玉米收储价格大幅上涨,改变了玉米与玉米替代作物原有的价格比关系(玉米与玉米替代作物价格比上升)。2007~2015年,玉米小麦价格比出现缓慢上升。2007年玉米小麦价格比为0.98,2011年增加到1.02,增幅为4.08%,此后稳定在0.95左右(见图4-2)。玉米大豆价格比也呈上升趋势。2007年玉米大豆价格比为0.36,2015年增加到0.55,增幅为52.78%。同样,玉米棉花价格比也呈增长趋势。2007年玉米棉花价格比为0.11,2015年增加到0.18,增幅为63.64%。2007~2015年,玉米油菜价格比出现上升。2007年玉米油菜价格比为0.42,2015年上升到0.47,增幅为11.90%。玉米临时收储时期,玉米花生价格比也出现上升的情况。2007年玉米花生价格比为0.26,2015年增加到0.36,增幅为38.46%[①]。

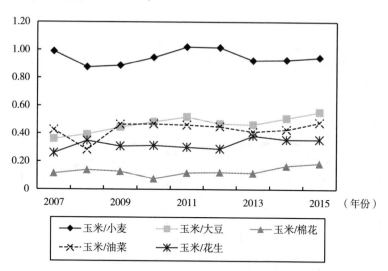

图4-2 玉米与玉米替代作物价格比

注:各品种之间价格比由50公斤主产品(玉米、小麦、大豆、棉花、油菜、花生)平均销售价格计算得到。

资料来源:国家发展和改革委员会价格司. 全国农产品成本收益资料汇编2016 [Z]. 北京:中国统计出版社,2016.

---

① 国家发展和改革委员会价格司. 全国农产品成本收益资料汇编2016 [Z]. 北京:中国统计出版社,2016.

2. 玉米与玉米替代作物播种面积变化

玉米临时收储政策实施后，中国玉米播种面积逐年增加。2007 年玉米播种面积为 44216 万亩，2015 年增长到 55179 万亩，八年净增加 10963 万亩 [见图 4 - 3（a）]。与此同时，玉米替代作物播种面积却出现大幅下降。2007 年大豆播种面积为 13131 万亩，2015 年下降到 9759 万亩，降幅达到 25.68%[①] [见图 4 - 3（b）]。

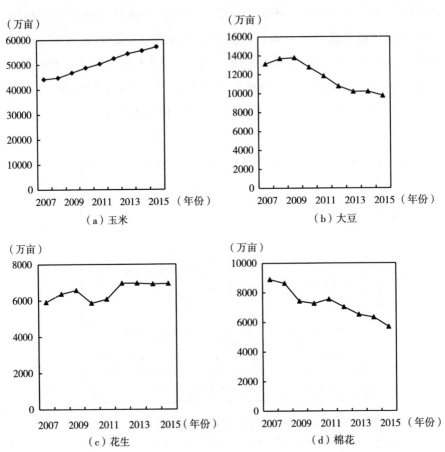

（a）玉米　　　　　　　　　　（b）大豆

（c）花生　　　　　　　　　　（d）棉花

---

① 资料来源：中国玉米和大豆播种面积数据来源于国家统计局。

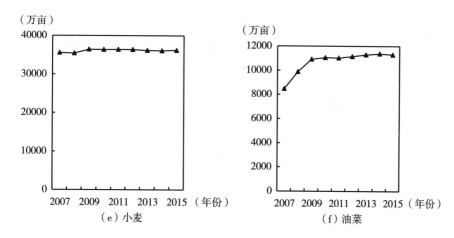

图4-3　中国玉米、大豆、花生、棉花、小麦、油菜播种面积

资料来源：国家统计局网站。

2007～2015 年，中国花生播种面积趋于稳定。2010 年和 2011 年花生播种面积出现下降，2012 年以后稳定在 6900 万亩左右 ［见图4-3（c）］。2007 年棉花播种面积为 8889 万亩，2015 年下降到 5695 万亩，降幅达到 35.93% ［见图4-3（d）］。

2007～2015 年，中国小麦播种面积基本保持稳定，2007 年为 35581 万亩，2015 年为 36212 万亩，八年仅增加 631 万亩 ［见图4-3（e）］。2009 年以后，中国油菜播种面积也趋于稳定，六年油菜播种面积仅增加 38 万亩 ［见图4-3（f）］。

基于上文理论基础、影响机制与现实数据对比情况，本书提出并检验以下两个假设：

H_{4-1}：玉米临时收储时期，玉米价格上涨导致玉米与玉米替代作物价格比上升，引起玉米播种面积快速增长。

H_{4-2}：玉米临时收储时期，玉米价格上涨导致玉米与玉米替代作物价格比上升，引起大豆、棉花、小麦、油菜、花生等玉米替代作物播种面积下降。

基于 Nerlove 模型的农户替代种植决策

4.2.1 基础模型

关于价格机制作用下农民种植决策行为的研究，西方经济学已有成熟的研究范式。爱德华兹（Edwards，1954）基于微观经济主体视角，考察了农户种植结构调整与成本付出之间的关系，他认为由于农户专用资产重新配置存在成本，农户种植结构调整行为与需要付出的成本相关。格里里奇（Griliches，1957）基于心理学和经济学双重学科视角，将农户种植决策调整中面临的成本分解为心理成本和经济成本，如果用预期产量偏差和真实产量偏差代表心理成本和经济成本，农户种植结构调整面临的成本可以被表示为：

$$\text{Min}(C_t) = \alpha_1 (Y_t - Y_t^e)^2 + \alpha_2 (Y_t - Y_{t-1})^2 \qquad (4-1)$$

其中，C_t 为农户种植结构调整成本，Y_t、Y_{t-1} 分别为 t 期、t-1 期农产品产量（或者用播种面积表示），Y_t^e 为 t 期农产品预期产量，α_1、α_2（$\alpha_1 > 0$，$\alpha_2 > 0$）分别为心理成本和经济成本调整系数。在作出种植结构调整决策时，理性小农始终追求成本最小，根据 1 阶导数条件得到如下表达式：

$$\partial C_t / \partial Y_t = 2\alpha_1 (Y_t - Y_t^e) + 2\alpha_2 (Y_t - Y_{t-1}) = 0 \qquad (4-2)$$

整理式（4-2），得出农产品调整数量与预期调整数量的函数关系为：

$$Y_t - Y_{t-1} = \beta (Y_t^e - Y_{t-1}) \qquad (4-3)$$

其中，$\beta = \alpha_1 / (\alpha_1 + \alpha_2)$，$\beta$ 为农产品调整系数。正常情况下，农民根据要素投入情况和预期价格来预期农产品产量，上述关系可以被表示为：

$$Y_t^e = \delta + \mu P_t^e \qquad (4-4)$$

其中，P_t^e 为农产品预期价格，δ 为截距项，μ 为价格供给反应系数。根据蛛网理论，农产品价格对产量的决定具有滞后性，对预期价格的不同定义形成了不同的预期价格模型。穆斯（Muth，1961）认为，预期价格无法通过即期价格获取，农户只能通过上期市场价格形成的预期价格来选择种植决策。基于上述假定，改良表达式后提出幼稚价格预期理论：

$$\begin{cases} Y_t^e = \delta + \mu P_t^e \\ P_t^e = P_{t-1} \\ Y_t - Y_{t-1} = \beta(Y_t^e - Y_{t-1}) \end{cases} \qquad (4-5)$$

整理式（4-5）得到：

$$Y_t = \theta_1 + \theta_2 P_{t-1} + \theta_3 Y_{t-1} \qquad (4-6)$$

其中，$\theta_1 = \delta\beta$，$\theta_2 = \mu\beta$，$\theta_3 = (1-\beta)$。纳洛夫（Nerlove，1956）将农户种植决策行为模型从静态拓展到动态。他认为理性农户具有较强的学习能力，能够根据前期的价格信息修正对未来价格的预期，提出适应性预期模型，数学表达式为：

$$\begin{cases} Y_t^e = \delta + \mu P_t^e \\ P_t^e - P_{t-1}^e = \tau(P_{t-1} - P_{t-1}^e) \\ Y_t - Y_{t-1} = \beta(Y_t^e - Y_{t-1}) \end{cases} \qquad (4-7)$$

其中，$0 \leqslant \tau \leqslant 1$，$P_t^e$、$P_{t-1}^e$分别为农产品 t 期和 t-1 期的预期价格，整理式（4-7）得到：

$$Y_t = \eta_1 + \eta_2 P_{t-1} + \eta_3 Y_{t-1} + \eta_4 Y_{t-2} \qquad (4-8)$$

式（4-8）中$\eta_1 = \delta\beta\tau$，$\eta_2 = \mu\beta\tau$，$\eta_3 = (1-\mu) + (1-\tau)$，$\eta_4 = (1-\delta)(1-\tau)$。卢卡斯（Lucas，1967）认为，适应性预期模型在预期价格时采用经验调适法赋予权重，有悖于理性小农充分利用信息的原则，他认为理性小农能够充分、准确、广泛地获取和处理价格信息，理性小农对未来价格的预测是准确的（偏差很小），因此预期价格由未来真实价格与一个随机误差项组成。理性预期模型的简约表达式如下：

$$供给方程：Y_t^e = a + bP_t^e + cM_t \qquad (4-9)$$

$$需求方程：Y_t = d - eP_t + fN_t \qquad (4-10)$$

其中，Y_t、Y_t^e分别为 t 期农产品实际需求量和预期供给量，P_t^e、P_t分别为 t 期农产品预期价格和实际价格，M_t、N_t为外生变量，a、b、c、d、e、f为方程参数。当市场均衡时，有$Y_t^e = Y_t$、$P_t^e = P_t$，根据上述条件可以得到Y_t^e和P_t^e的线性估计方程。陆文聪（2004）结合上述思想，将分布滞后变量引入模型，并扩充了适应性预期模型的变量选择，得到如下模型：

$$\begin{cases} Y_t^e = \sigma_1 + \sigma_2 P_t^e + \sigma_3 Z_t + u_t \\ Y_t - Y_{t-1} = \psi(Y_t^e - Y_{t-1}) + v_t; \quad 0 \leqslant \psi \leqslant 1 \\ P_t^e - P_{t-1}^e = \omega(P_{t-1} - P_{t-1}^e) + \xi_t; \quad 0 \leqslant \omega \leqslant 1 \end{cases} \quad (4-11)$$

其中，Y_t^e、Y_t 分别表示 t 期农户愿意种植和真实种植面积，P_t^e、P_t 分别表示 t 期农产品预期价格和真实价格，Z_t 表示其他外生变量，u_t、v_t 和 ξ_t 均为随机误差项，ψ 和 ω 为预期调整系数。由于 Y_t^e、P_t^e 不可观测，通过迭代（将方程组 4-11 中的式 2 和式 3 带入式 1），可以得到全部变量可观察的方程式。

4.2.2　农户替代种植决策的实证分析

1. 基于 Nerlove 模型的改良

国内学者将 Nerlove 模型用于研究农产品价格变化与农产品生产反应之间的关系。陆文聪（2004）研究了浙江省农产品生产反应，发现粮食价格、经营风险和粮食订购政策决定了农户的生产行为选择。范垄基等（2012）分析了中国稻谷、小麦和玉米播种面积和与自身价格、替代品价格、农业政策之间的关系。张明杨等（2014）认为土地稀缺条件下，玉米播种面积受预期价格、预期成本与预期单产等因素的影响。上述研究验证和丰富了 Nerlove 模型的适用性，但存在以下缺陷与不足：（1）采用全国数据，忽略了区域间农产品和耕作制度差异对生产决策的影响。（2）没有考虑玉米与玉米替代作物之间挤占关系。（3）单纯使用价格数据，没有考虑替代作物之间的比价关系。本书打算从三方面进行完善：一是考虑区域差异性。将玉米与玉米替代作物进行区域划分，使用省级面板数据进行实证研究。二是改良 Nerlove 模型。引入多种替代品，真实反映农户的多样化生产决策。三是重点考虑价格比变化对农产品的生产反应，同时将成本利润率比值（体现投入产出关系）作为辅助变量引入模型。

改良后的农户替代种植决策模型可以被表示为：

$$\begin{cases} A_{it}^e = \sigma_1 + \sigma_2 P_{it}^e + \sigma_3 CPR_{it}^e + u_{it} \\ A_{it} - A_{it} - 1 = \psi(A_{it}^e - A_{it-1}) + v_{it}; \quad 0 \leq \psi \leq 1 \\ P_{it}^e - P_{it-1}^e = \lambda(P_{it-1} - P_{it-1}^e) + \pi_{it}; \quad 0 \leq \lambda \leq 1 \\ CPR_{it}^e - CPR_{it-1}^e = \omega(CPR_{it-1} - CPR_{it-1}^e) + \xi_{it}; \quad 0 \leq \omega \leq 1 \end{cases} \qquad (4-12)$$

式（4-12）中 A_{it}^e 表示玉米或玉米替代作物意愿播种面积，P_{it}^e 为玉米与玉米替代作物预期价格比，CPR_{it}^e 为玉米与玉米替代作物预期成本收益率比值，A_{it} 为玉米或玉米替代作物实际种植面积（以 A_{it}^M、A_{it}^S、A_{it}^W、A_{it}^C、A_{it}^P、A_{it}^R 分别表示玉米、大豆、小麦、棉花、花生和油菜实际播种面积），A_{it-1} 为玉米或者玉米替代作物上期种植面积，P_{it-1} 为玉米或者玉米替代作物上期市场价格比（以 P_{it-1}^{MS}、P_{it-1}^{MW}、P_{it-1}^{MC}、P_{it-1}^{MP}、P_{it-1}^{MR} 分别表示玉米与大豆、小麦、棉花、花生和油菜上期市场价格比），CPR_{it-1} 为玉米与玉米替代作物上期成本收益率比值（以 CPR_{it-1}^{MS}、CPR_{it-1}^{MW}、CPR_{it-1}^{MC}、CPR_{it-1}^{MP}、CPR_{it-1}^{MR} 分别表示玉米与大豆、小麦、棉花、花生、油菜上期成本收益率比值），ψ、λ、ω 为调整系数，u_{it}、v_{it}、π_{it}、ξ_{it} 为随机误差项，$i = 1, 2, \cdots N$（N 为横截面观测个体），$t = 1, 2\cdots, T$（T 为观测个体时期数）。根据理性小农假设，如果农户对价格具有准确预期（取 $\lambda = 1$ 和 $\omega = 1$），通过式（4-12）的迭代和变量替换得到：

$$A_{it} = \Psi_0 + \Psi_1 P_{it-1} + \Psi_2 CRP_{it-1} + \Psi_3 A_{it-1} + Z_{it} \qquad (4-13)$$

其中，$\Psi_0 = \varphi\sigma_1$，$\Psi_1 = \varphi\sigma_2$，$\Psi_2 = \varphi\sigma_3$，$\Psi_3 = 1 - \varphi$，$\Psi_1 \sim \Psi_3$ 为模型估计系数，Z_{it} 为随机扰动项。经过迭代，式（4-13）全部变量可观测。

2. 玉米替代作物的区域划分

中国不同地区耕作条件和作物熟制存在差异，玉米和玉米替代作物的竞争关系具有较强的地域性。实证部分选择区域主要遵循两个原则：第一，同一区域（省份）均有玉米和某种替代作物（大豆、小麦、棉花、油菜、花生）种植。第二，玉米和某种替代作物生长季节大致相同，在土地、资金、劳动力等生产要素方面存在竞争关系。第三，数据具有可得性。主要指各品种的播种面积、市场价格和成本收益率数据。综合上述因素，玉米替代作物区域选择如表4-1所示。

表 4 – 1   玉米与玉米替代作物区域选择

替代类型	玉米替代作物区域选择
玉米大豆替代区	黑龙江、辽宁、吉林、内蒙古、河北、河南、安徽、山西、山东
玉米小麦替代区	河南、河北、安徽、山东、山西、四川、陕西、甘肃、新疆、江苏
玉米棉花替代区	新疆、河北、安徽、江苏、江西、山东、河南、湖北、湖南
玉米油菜替代区	内蒙古、江苏、安徽、四川、湖南、湖北、江西、河南、贵州
玉米花生替代区	山东、河南、河北、广东、广西、辽宁、安徽、四川

资料来源：玉米与玉米替代作物区域划分（部分）参见：杨春. 中国主要粮食作物生产布局变迁及区位优化研究 [M]. 北京：中国农业出版社，2011：276 – 277。详见附录 3。

3. 数据说明及分组

玉米、大豆、小麦、棉花、油菜、花生播种面积数据来源于国家统计局，玉米与玉米替代作物市场价格和成本利润率数据来源于《全国农产品成本收益资料汇编》，其中市场价格根据上述资料中 50 公斤主产品平均销售价格折算，玉米与玉米替代作物价格比和成本利润率比值由原始数据计算得到。为便于模型拟合结果的经济学解释，玉米与玉米替代作物价格比以及成本利润率比值的基本单位设为 0.01（例如，玉米与小麦价格比为 0.98，进入模型的数据为 98），玉米播种面积单位为万亩。根据不同品种的替代区域，将样本数据分为 6 组，数据区间为 2007 ~ 2015 年。

第 1 组数据为 20 省（区市）的玉米播种面积，玉米与大豆、小麦、棉花、油菜、花生的价格比和成本利润率比。用以拟合玉米模型，分析玉米播种面积变化与玉米替代作物价格比、成本利润率比之间的关系。

第 2 组数据为玉米大豆替代区的 9 省（区市）大豆播种面积，玉米大豆价格比和成本利润率比。用以拟合大豆模型，分析大豆播种面积变化与玉米大豆价格比、成本利润率比之间的关系。

第 3 组数据为玉米小麦替代区的 10 省（区市）小麦播种面积，玉米小麦价格比和成本利润率比。用以拟合小麦模型，分析小麦播种面积变化与玉米小麦价格比和成本利润率比之间的关系。

第 4 组数据为玉米棉花替代区的 9 省（区市）棉花播种面积，玉米棉花价格比和成本利润率比。用以拟合棉花模型，分析棉花播种面积与玉米棉花价格比和成本利润率比之间的关系。

第5组数据为玉米油菜替代区9省（区市）油菜播种面积，玉米油菜价格比和成本利润率比。用以拟合油菜模型，分析油菜播种面积与玉米油菜价格比和成本利润率比之间的关系。

第6组数据为玉米花生替代区的8省（区市）花生播种面积，玉米花生价格比和成本利润率比。用以拟合花生模型，分析花生播种面积与玉米花生价格比和成本利润率比之间的关系。

4. 实证结果与经济学解释

不考虑各省（区市）经济结构变化与观测个体之间的关系。本书使用面板数据模型中的变截距模型。为了反映个体差异，本书同时估计固定效应和随机效应两种模型。由于随机误差项 Zit 难以满足相互独立和同方差假定，并且无法排除随机误差项和解释变量的相关性。这种情况采用 OLS（最小二乘法）和 GLS（广义最小二乘法）估计法，会出现有偏且非一致估计。因此在固定效应模型中使用 TSLS（两阶段最小二乘法），在随机效应模型中使用 GTSLS（广义两阶段最小二乘法）。通过 EViews 6.0 软件，分别对6组数据进行模拟，得到如下回归结果。

从表4-2可以看出，固定效应模型和随机效应模型的可决系数分别为 0.934 和 0.941，表明模型拟合效果非常好。随机效应的 Hausman 检验 χ^2 值为 1.489，其概率值 P 为 0.476，因此接受"固定效应和随机效应模型估量无实质差异"的原假设。由于两种模型估计趋同，本书以固定效应模型为标准解释实证结果。

表4-2　　　　　　　　　玉米模型面板回归结果

变　量	玉米模型	
	FE（TSLS 估计法）	RE（GTSLS 估计法）
玉米大豆价格比（P_{it-1}^{MS}）	43.52 ** (15.38)	43.05 ** (14.84)
玉米小麦价格比（P_{it-1}^{MW}）	61.32 * (34.06)	61.71 * (34.28)
玉米棉花价格比（P_{it-1}^{MC}）	10.87 ** (5.32)	11.01 ** (4.78)

续表

变 量	玉米模型	
	FE（TSLS 估计法）	RE（GTSLS 估计法）
玉米花生价格比（P_{it-1}^{MP}）	30.25 *** (5.40)	30.99 *** (5.53)
玉米油菜价格比（P_{it-1}^{MR}）	47.82 * (24.39)	47.56 * (25.36)
玉米大豆成本利润率比（CPR_{it-1}^{MS}）	10.89 * (5.76)	10.23 * (5.94)
玉米小麦成本利润率比（CPR_{it-1}^{MW}）	29.87 ** (14.02)	28.94 ** (11.94)
玉米棉花成本利润率比（CPR_{it-1}^{MC}）	5.89 ** (2.66)	5.94 ** (2.98)
玉米油菜成本利润率比（CPR_{it-1}^{MP}）	20.22 * (10.31)	20.54 * (8.86)
玉米花生成本利润率比（CPR_{it-1}^{MP}）	27.38 ** (11.90)	27.69 ** (10.39)
拟合优度 R^2	$R_{FE}^2 = 0.934$	$R_{RE}^2 = 0.941$
Hausman 检验 χ^2 值		1.489
Hausman 检验 P 值		0.476

注：FE、RE 分别表示固定效应变截距模型和随机效应变截距模型；*** 、** 和 * 分别表示在 1% 、5% 和 10% 水平上显著，括号数字为标准误。

玉米模型中玉米大豆价格比（P_{it-1}^{MS}）、玉米小麦价格比（P_{it-1}^{MW}）、玉米棉花价格比（P_{it-1}^{MC}）、玉米花生价格比（P_{it-1}^{MP}）、玉米油菜价格比（P_{it-1}^{MR}）分别在 5% 、10% 、5% 、1% 和 10% 的水平上显著，表明玉米大豆价格比、玉米小麦价格比、玉米棉花价格比、玉米花生价格比、玉米油菜价格比对玉米播种面积有显著影响。表现为玉米播种面积同玉米与玉米替代作物价格比呈正向变动关系，当玉米大豆价格比、玉米小麦价格比、玉米棉花价格比、玉米花生价格比、玉米油菜价格比上升 1 个单位（0.01）时，玉米播种面积将增加 43.52 万亩、61.32 万亩、10.87 万亩、30.25 万亩和 47.82 万亩。

玉米大豆成本利润率比（CPR_{it-1}^{MS}）、玉米小麦成本利润率比（CPR_{it-1}^{MW}）、玉米棉花成本利润率比（CPR_{it-1}^{MC}）、玉米油菜成本利润率比（CPR_{it-1}^{MP}）、玉米花生成本利润率比（CPR_{it-1}^{MP}）分别在10%、5%、5%、10%和5%的水平上显著，表明玉米大豆成本利润率比、玉米小麦成本利润率比、玉米棉花成本利润率比、玉米油菜成本利润率比、玉米花生成本利润率比对玉米播种面积有显著影响。表现为玉米播种面积同玉米与玉米替代作物成本利润率比呈同向变动关系，当玉米大豆成本利润率比、玉米小麦成本利润率比、玉米棉花成本利润率比、玉米油菜成本利润率比、玉米花生成本利润率比上升1个单位（0.01）时，玉米播种面积将增加43.52万亩、61.32万亩、10.87万亩、30.25万亩和47.82万亩。

上述两种模型、两种估计方法均证实玉米播种面积同玉米与玉米替代作物价格比、玉米与玉米替代作物成本利润率比呈正向变动关系。由此 H_{4-1} 得到证实。同时，上述结论还说明玉米替代作物价格比和玉米替代作物成本利润率比与玉米播种面积之间的变动关系具有一致性。

表4-3给出了玉米替代作物面板回归结果。大豆模型、小麦模型、棉花模型、油菜模型、花生模型的可决系数（固定效应和随机效应平均值）分别为0.913、0.899、0.941、0.934和0.925，表明模型拟合效果非常好。本书以固定效应模型为标准解释实证结果。

表4-3　　　　　　　　玉米替代作物模型面板回归结果

模型类型	变量	固定效应	随机效应	R^2
大豆模型	玉米大豆价格比（P_{it-1}^{MS}）	-20.13 ** (9.40)	-20.79 ** (8.72)	0.913
	玉米大豆成本利润率比（CPR_{it-1}^{MS}）	-6.89 ** (2.85)	-6.28 ** (2.24)	
小麦模型	玉米小麦价格比（P_{it-1}^{MW}）	-40.93 *** (6.67)	-41.09 *** (6.32)	0.899
	玉米小麦成本利润率比（CPR_{it-1}^{MW}）	-13.89 * (7.31)	-13.97 * (6.83)	
棉花模型	玉米棉花价格比（P_{it-1}^{MC}）	-21.99 ** (9.56)	-21.85 ** (8.79)	0.941
	玉米棉花成本利润率比（CPR_{it-1}^{MC}）	-7.32 ** (2.76)	-7.29 ** (2.84)	

模型类型	变量	固定效应	随机效应	R^2
油菜模型	玉米油菜价格比（P_{it-1}^{MR}）	-30.12^* (15.85)	-30.78^* (17.65)	0.934
	玉米油菜成本利润率比（CPR_{it-1}^{MP}）	-17.26^{**} (7.67)	-17.43^{**} (7.01)	
花生模型	玉米花生价格比（P_{it-1}^{MP}）	-15.68^{**} (7.63)	-15.85^{**} (6.45)	0.925
	玉米花生成本利润率比（CPR_{it-1}^{MP}）	-10.76^* (5.97)	-10.56^* (7.32)	

注：***、**和*分别表示在1%、5%和10%水平上显著，括号数字为标准误。

大豆模型中玉米大豆价格比（P_{it-1}^{MS}）、玉米大豆成本利润率比（CPR_{it-1}^{MS}）均在10%的水平显著，表明玉米大豆价格比、玉米大豆成本利润率比对大豆播种面积有显著影响。表现为大豆播种面积与玉米大豆价格比、玉米大豆成本利润率比呈反向变动关系，当玉米大豆价格比、玉米大豆成本利润率比上升1个单位（0.01）时，大豆播种面积将减少20.13万亩和6.89万亩。

小麦模型中玉米小麦价格比（P_{it-1}^{MW}）、玉米小麦成本利润率比（CPR_{it-1}^{MW}）分别在1%、10%的水平显著，表明玉米小麦价格比、玉米小麦成本利润率比对小麦播种面积有显著影响。表现为小麦播种面积与玉米小麦价格比、玉米小麦成本利润率比呈反向变动关系，当玉米小麦价格比、玉米小麦成本利润率比上升1个单位（0.01）时，小麦播种面积将减少40.93万亩和13.89万亩。

棉花模型中玉米棉花价格比（P_{it-1}^{MC}）、玉米油菜成本利润率比（CPR_{it-1}^{MC}）均在5%的水平显著。表明玉米棉花价格比、玉米棉花成本利润率比对棉花播种面积有显著影响。表现为棉花播种面积与玉米棉花价格比、玉米棉花成本利润率比呈反向变动关系，当玉米棉花价格比、玉米棉花成本利润率比上升1个单位（0.01）时，棉花播种面积将减少21.99万亩和7.32万亩。

油菜模型中玉米油菜价格比（P_{it-1}^{MR}）、玉米油菜成本利润率比（CPR_{it-1}^{MR}）分别在10%、5%的水平显著，表明玉米油菜价格比、玉米油菜成本利润率比对油菜播种面积有显著影响。表现为油菜播种面积与玉米油菜价格比、玉米油菜成本利润率比呈反向变动关系，当玉米油菜价格比、玉米油菜成本利润率比上升 1 个单位（0.01）时，油菜播种面积将减少 30.12 万亩和 17.26 万亩。

花生模型中玉米花生价格比（P_{it-1}^{MP}）、玉米花生成本利润率比（CPR_{it-1}^{MP}）分别在 5%、10% 的水平显著，表明玉米花生价格比、玉米花生成本利润率比对花生播种面积有显著影响。表现为花生播种面积与玉米花生价格比、玉米花生成本利润率比呈反向变动关系，当玉米花生价格比、玉米花生成本利润率比上升 1 个单位（0.01）时，花生播种面积将减少 15.68 万亩和 10.76 万亩。

上述两种模型、两种估计方法均证实玉米替代作物播种面积同玉米与玉米替代作物价格比、玉米与玉米替代作物成本利润率比呈反向变动关系。由此，H_{4-2} 得到证实。同时，上述结论还说明玉米与玉米替代作物价格比和玉米与玉米替代作物成本利润率比与玉米替代作物播种面积之间的变动关系具有一致性。现实数据对比和实证结果均证实：玉米临时收储时期，玉米价格大幅上涨改变了玉米与玉米替代作物价格比（种植玉米收益更好），导致玉米播种面积迅猛增加，玉米替代作物播种面积急剧减少。

4.3　"反事实法"框架下玉米过度生产量测算

4.3.1　"反事实法"的主要思想

"反事实法"（counterfactural measurment）是经济研究中常见的模拟方法，核心思想是假定曾经出现的经济现象或者经济变化不存在，以此为基础测算不存在某种经济现象条件下，与该现象相关的其他经济活动可能发生的变化。"反事实法"最先由罗伯特·威廉·福格尔（Robert Willian Fogel）提出，他采用"反事实法"估算了美国铁路对经济增长的影响。实验模拟思路为：选取某一年为参照标准，假定该年美国不存在铁路，通过对比事实情况下（存在铁路）的运输费用和"反事实"情况下（水运和马车）的运输费用，估算了从低级运输方式转为高级运输方式所带来的财富增量。龚德逊（G. A. Gunderson）在《轮船的社会储蓄》中用"反事实法"（假定当时没有使用轮船而是使用帆船），估算了轮船运输对社会财富的真实贡献。托马斯（R. P. Thomas）假设北美不是英国殖民地，基于"反事实法"模拟国民经济负担和社会福利之间的关系。由于"反事实法"的独特优势，被广泛用于政策评估。卫梦星（2012）基于"反事实思想"模拟"四万亿"投资方案带来的经济增长效应。于文超等（2015）结合家电下乡政策，采用"反事实法"模拟了家电下乡政策给农村居民消费带来的影响。王利辉等（2017）基于"反事实法思想"对比了上海自贸区成立前后经济总量的"真实值"和"反事实值"，以此证实上海自由贸易区建设对经济发展的贡献。

4.3.2 "反事实法"的模型构造

"反事实法"模型构造需要建立"事实组"和"反事实组"，玉米临时收储政策实施后玉米产量的"事实组"可以被表示为：

$$Y_i^{(1)} = Q_i \cdot A_i^{(1)} \tag{4-14}$$

其中，$Y_i^{(1)}$ 表示真实玉米产量，Q_i 表示真实玉米单产，$A_i^{(1)}$ 表示真实玉米播种面积，$i = 2007$ 年，2008 年，$\cdots$，2015 年，"事实组"数据均可观测。假定"事实组"和"反事实组"玉米单产相同（玉米与玉米替代作物价格比变化不影响玉米单产），"反事实组"可以被表示为：

$$Y_i^{(2)} = Q_i \cdot A_i^{(2)} \tag{4-15}$$

其中，$Y_i^{(2)}$ 为"反事实法"框架下玉米产量，Q_i 为"反事实法"下玉米单产（与"事实组"单产相同），$A_i^{(2)}$ 为"反事实组"中玉米播种面积。根据式（4-14）和式（4-15），"事实组"和"反事实组"玉米产量差异主要来源于玉米播种面积不同。根据上文 Nerlove 模型的实证结果，存在多种替代作物条件下，玉米播种面积是关于玉米替代作物价格比的函数，即 $A_i^{(2)} = f(P_{it-1}^{MS}, P_{it-1}^{MW}, P_{it-1}^{MC}, P_{it-1}^{MR}, P_{it-1}^{MP})$，改写式（4-15）得到：

$$Y_i^{(2)} = Q_i \cdot f(P_{it-1}^{MS}, P_{it-1}^{MW}, P_{it-1}^{MC}, P_{it-1}^{MR}, P_{it-1}^{MP}) \tag{4-16}$$

选取 2006 年玉米替代作物价格比作为基准，考虑价格比变动增量，重

新表述"反事实法"下玉米产量,得到:

$$Y_i^{(2)} = Y_i^{(1)} - Q_i \cdot f(\cdot) = Y_i^{(1)} - Q_i \cdot \{ C_s \cdot \Delta A_i^S$$
$$+ C_W \cdot \Delta A_i^W + C_C \cdot \Delta A_i^C + C_P \cdot \Delta A_i^P + C_R \cdot \Delta A_i^R \} \qquad (4-17)$$

式(4-17)中 $Y_i^{(1)}$ 为第 i 年玉米真实产量,C_s、C_W、C_C、C_P 和 C_R 分别为大豆、小麦、棉花、花生和油菜的"价格比—玉米播种面积变动"系数。根据表 4-2 实证结果,分别取 43.52、61.32、10.87、30.25 和 47.82。ΔA_i^S、ΔA_i^W、ΔA_i^C、ΔA_i^P、ΔA_i^R 分别代表玉米大豆、玉米小麦、玉米棉花、玉米花生、玉米油菜价格比变动增量(以 0.01 为 1 个单位)。

4.3.3 "反事实法"下玉米过度生产量模拟

根据式(4-17)测算"反事实法"条件下玉米总产量,主要有三个步骤(本书以 2007 年为例)。

(1)计算玉米替代作物价格比变动增量。2006 年玉米大豆、玉米小麦、玉米棉花、玉米花生、玉米油菜价格比分别为 0.3202、0.8852、0.1045、0.2535、0.3729,2007 年上升为 0.3611、0.9891、0.1141、0.2597、0.4258。上述品种价格比增量分别为 4.09(0.01 为 1 个基本单位)、10.39、5.29、6.14、1.0。

(2)计算玉米替代作物价格比变动引起的玉米播种面积增量。大豆、小麦、棉花、花生和油菜的"价格比—玉米播种面积变动"系数分别为 43.52、61.32、10.87、30.25、47.82,分别乘以相应的价格比增量,得到玉米替代大豆、小麦、棉花、花生、油菜的播种面积分别为 178 万亩、637.11 万亩、253.02 万亩、185.74 万亩和 10.87 万亩。

(3)计算玉米对玉米替代作物的替代量。2007 年玉米单产为每亩 0.344 吨,经测算玉米对大豆、小麦、棉花、花生、油菜替代引起的玉米过剩量分别为 61.23 万吨、219.17 万吨、87.04 万吨、63.89 万吨、3.74 万吨(见附录 4、附录 5、附录 6、附录 7、附录 8)。

(4)计算"反事实法"框架下玉米总产量。2007 年玉米真实产量为 15230 万吨,由于价格比变动引起玉米过度生产量为 435 万吨,"反事实法"下玉米总产量为 14795 万吨(19230 万吨 – 435 万吨 = 14795 万吨)。

图 4 - 4 (a)、图 4 - 4 (b)、图 4 - 4 (c) 描绘了 2007 ~ 2015 年玉米替代大豆、小麦、棉花、油菜和花生带来的过度生产量。玉米临时收储时期，玉米对大豆、小麦、棉花、油菜和花生的年均替代量分别为 242.30 万吨、154.63 万吨、138.23 万吨、12.18 万吨和 65.53 万吨。

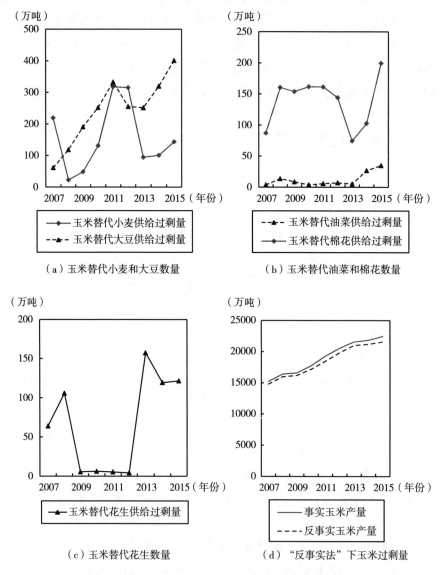

（a）玉米替代小麦和大豆数量　　　（b）玉米替代油菜和棉花数量

（c）玉米替代花生数量　　　（d）"反事实法"下玉米过剩量

图 4 - 4　玉米替代小麦和大豆、油菜和棉花、花生数量及"反事实法"下玉米过剩量

资料来源：图 4 - 4 (a)、图 4 - 4 (b)、图 4 - 4 (c)、图 4 - 4 (d) 数据是根据"反事实法"思想计算得到。

图4－4（d）为"事实组"玉米总产量和"反事实组"玉米总产量对比图，2007～2015年玉米替代大豆、小麦、棉花、油菜和花生引起的玉米过剩量为5516万吨，每年平均过度生产612.9万吨玉米（见表4－4），约占玉米年均库存增量的25%。

表4－4　　　　　　　"反事实法"下玉米过剩量模拟

年份	事实玉米产量（万吨）	"反事实"玉米产量（万吨）	玉米过剩量（万吨）
2007	15230.00	14794.90	435.10
2008	16397.00	15976.69	420.31
2009	16591.40	16184.56	406.84
2010	17725.00	17170.67	554.33
2011	19278.10	18455.73	822.37
2012	20561.40	19835.79	725.61
2013	21564.60	20981.91	582.69
2014	21848.90	21180.38	668.52
2015	22463.20	21563.05	900.15

注：表中数据根据"反事实法"思想计算得到。

4.4　本章小结

本章主要论证了国内生产替代与玉米供给过剩之间的关系。玉米价格上涨，改变了玉米与玉米替代作物价格比，引发农户"多种玉米，少种玉米替代作物"，农户替代种植决策导致国内玉米生产过度，造成国内玉米供给过剩。首先采用改良后的 Nerlove 模型，证实了玉米播种面积与玉米大豆价格比、玉米小麦价格比、玉米棉花价格比、玉米花生价格比、玉米油菜价格比呈正向变动关系。当玉米与上述品种价格比上升1个单位（0.01）时，玉米播种面积将增加43.52万亩、61.32万亩、10.87万亩、30.25万亩和47.82万亩。大豆、小麦、棉花、花生、油菜播种面积同玉米与玉米替代作物价格比呈反向变动关系。玉米与玉米替代作物价格比增加，将引起大豆、小麦、棉花、花生、油菜播种面积减少。然后，通过"反事实法"测算，2007～2015 年玉米对大豆、小麦、棉花、油菜和花生的年均替代量分别为 242. 30 万吨、154. 63 万吨、138. 23 万吨、12. 18 万吨和 65. 53 万吨。玉米临时收储时期，玉米对玉米替代作物的替代总量为 5516 万吨，年均替代量为 612. 9 万吨，约占玉米年均库存增量的 25%。

第5章

国外进口替代与玉米供给过剩

上文已证实 2007~2015 年玉米替代其他竞争性作物带来的年均玉米增量为 612.9 万吨,但该阶段玉米库存年均增量为 2248 万吨[①]。显然,生产领域中的过度生产不能完全解释玉米临时收储时期玉米库存量的迅猛增长。对比中国玉米消费量和肉蛋奶消费量数据发现:2007~2015 年中国玉米消费量下滑,同期肉蛋奶消费量却逐年增加,中国出现了"玉米消费量与肉蛋奶消费量反向变动"的异常情况[②]。2015 年中国玉米库存量(期末库存)高达 2.41 亿吨,占当年玉米消费总量的 129.58%,国内出现严重的玉米库存积压(玉米供给过剩)。然而,当年中国进口的高粱、大麦、DDGS、木薯分别为 1070 万吨、1073 万吨、682 万吨和 938 万吨[③]。如果按

---

① 资料来源:布瑞克农业数据库。本书玉米库存数据均来源于该数据库。

② 2007~2015 年中国玉米消费量出现下降(详见书中第 3 章),2007 年中国肉蛋奶总产量为 13028 万吨,2015 年增长到 15494 万吨,增幅达到 18.93%。玉米作为饲料原料,是生产肉蛋奶的基本原料,正常情况下肉蛋奶消费量和玉米消费量为同向变动关系。

③ 资料来源:中国海关总署网站。DDGS(distillers dried grains with solubles),即干酒糟。以玉米原料为主的乙醇制作中,除淀粉以外的成分,如蛋白质、脂肪和纤维均留在酒糟中,由于保留了多数营养成分,DDGS 成为一种新型的饲料原料,被广泛应用于饲料行业。

照有效能值折算[①]，这些品种相当于替代了国内 3401 万吨玉米，占当年玉米库存量的 14.09%，这成为国内玉米供给过剩的又一重要原因。作为传统的饲料原料，玉米和豆粕一直占据饲料消费的主导地位。随着制种技术以及饲料加工技术的发展，高粱、大麦、木薯开始作为玉米的替代原料进入饲料行业。同时，随着燃料乙醇业的发展，DDGS 被大量生产，成为新型的饲料原料，并对国内玉米形成消费替代。由于玉米价格的快速上涨，在饲料配方中饲料企业增加了高粱、大麦、DDGS、木薯的添加比例，减少了玉米的消费量。

本章论证了玉米替代品大量进口是形成国内玉米供给过剩的重要原因，而价格红利是玉米替代品替代玉米的根本原因。本章分析了 2009～2015 年中国高粱、大麦、DDGS、木薯的进口变动情况，阐述了它们在饲料中替代玉米的技术可行性。然后采用有效能值比较法，测算了 2009～2015 年玉米替代品替代国内玉米的数量，提出价格红利是导致玉米替代品替代国内玉米的根本原因，并建立联立方程组模型证实了上述观点，最后利用 2016 年新政策实施后的新数据进一步验证了上述结论的正确性。

5.1 玉米与玉米替代品饲用消费情况

5.1.1 玉米的饲料用消费情况

随着中国居民收入增加以及从"吃得饱"向"吃得好"转变，肉蛋奶消费出现强劲需求，由此带动玉米消费量增加（波尔·克鲁普顿等，

---

① 有效能值是饲料企业在配制饲料配方时参考的重要标准，玉米、高粱、大麦、DDGS、木薯含有的有效能值存在差异，它们之间存在一种折算的数量关系。具体算法和折算依据见 5.2 章节第一部分。

1994；Yu and Abler，2009；胡小平等，2012；曹慧等，2013）①。由于在营养成分以及口感上具有优势，玉米被广泛用于饲料行业。中国是世界上第二大饲用玉米消费国（仅次于美国），饲用玉米消费量占总消费量比重长期保持在65%以上。2007年中国玉米饲用消费量为9480万吨，2012年增长到13160万吨，年均增幅6.78%。然而，2012年以后中国玉米饲用消费量出现大幅下降，2015年下降到12220万吨，与2012年相比，降幅达到7.14%（见图5-1）。

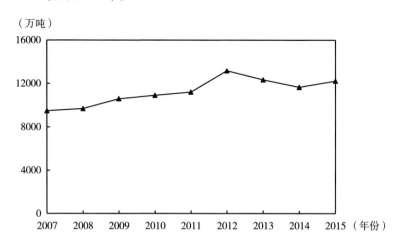

图5-1 2007～2015年中国玉米饲用消费量

资料来源：布瑞克农业数据库。

5.1.2 玉米替代品的饲用消费情况

2007～2015年，玉米替代品（高粱、大麦、DDGS、木薯）饲用消费量快速增长。在中国，高粱的传统用途是酿造白酒，由于高粱中含有单宁，用作饲料适口性差，因此高粱在饲料配方中的添加比例并不高。

① 波尔·克鲁普顿，布廉·菲利浦，邓·瓜纳塞克拉，陈劲松，李静. 中国畜产品需求增长对饲料粮的影响 ［J］. 中国农村经济，1994（3）：27-32；Yu X.，D. Abler. The Demand for Food Quality in Rural China ［J］ *American Journal of Agricultural Economics*，2009，91（1）：57-69；胡小平，郭晓慧. 2020年中国粮食需求结构分析及预测——基于营养标准的视角 ［J］. 中国农村经济，2010（6）：4-15；曹慧，翟雪玲，徐雪高，谭智心，张照新. 我国主要农产品结构平衡研究 ［J］. 宏观经济研究，2013（6）：9-14。

2007～2011年高粱饲用消费量年均仅为18万吨。然而2012年，高粱饲用消费量迅猛增长到120万吨（是2007年的12倍），2015年达到920万吨（见图5-2），比2012年增长666.67%。

大麦中含有粗纤维和非淀粉多糖（NSP）等抗营养因子，对于单胃动物[①]而言，能值和营养物质消化率偏低，因此大麦在饲料行业中应用并不广泛。2007～2011年大麦饲用消费量年均仅为25万吨。然而，2012年大麦饲用消费量迅猛增长到30万吨（是2007年的3倍），2015年达到420万吨，比2012年增长13倍。在中国，DDGS被大量用于饲料行业始于2009年，当年消费量为352万吨，2015年迅猛增长到990万吨，增幅达到181.25%。由于脱毒技术的进步，木薯逐渐成为新型饲料原料。2007年木薯饲用消费量为18万吨，2009年开始迅猛增长（当年消费量为430万吨），2015年增长到760万吨，比2009年增长76.74%。

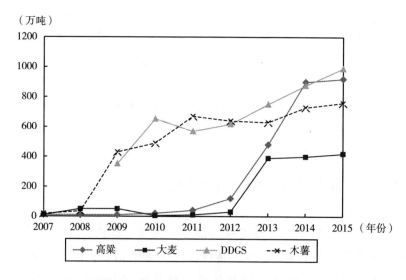

图5-2 2007～2015年玉米替代品饲用消费量

资料来源：高粱、大麦饲用消费数据来自美国农业部网站；DDGS饲用消费数据来自中国酒精网；木薯饲用消费数据来自中国木薯网。

---

① 单胃动物是相对于瘤胃动物而言的，是指集体只有一个胃腺的动物，常见的有鸡、鸭、鹅、猪等。

玉米替代品进口情况及替代技术分析

5.2.1　玉米替代品进口量变动特征

1. 高粱进口量变动特征

2009 年以前中国高粱进口量很小[①]，主要满足白酒企业对优质高粱的需求[②]，美国和澳大利亚是中国高粱进口主要供应国（占高粱进口总量的 97% 以上）。随着国内外粮食价差拉大，国内饲料企业大规模使用进口高粱替代国内玉米。2009 年中国高粱进口量仅为 1.71 万吨（见图 5 - 3），2012 年增长到 8.66 万吨，年均增长率为 71.73%。2012 年以后，中国高粱进口量出现爆发式增长。2013 年高粱进口量为 108 万吨（是 2012 年的 12.47 倍），2015 年增长到 1070 万吨，年均增长率达到 114.89%。值得关注的是，美国一直是中国高粱进口的主要来源国，2015 年从美国进口的高粱占中国高粱进口总量的 83.80%[③]。上述变化主要与中国使用进口高粱用作饲料密切相关。与澳大利亚高粱相比，美国高粱单宁含量更低[④]，更适合作饲料原料。

2. 大麦进口量变动特征

2009 年以前中国大麦进口量很少，主要用于酿造啤酒，澳大利亚、加拿大、欧盟、乌克兰和阿根廷是中国大麦进口的主要供应国（占大麦进口总量的 99.84%）。随着国内玉米价格上涨，国内饲料企业使用大量进口大麦替代玉米。2009 年中国大麦进口量为 174 万吨（见图 5 - 4），

---

① 资料来源：中国海关总署。除了 2003 年和 2008 年外，2000～2008 年其余年份我国高粱进口量均未超过 1 万吨，2003 年及 2008 年我国分别进口高粱 1.71 万吨和 1.28 万吨。

② 中国酿造部分高档型白酒需要进口澳大利亚等优质高粱。

③ 资料来源：联合国商品贸易数据库（UN Comtrade）。

④ 美国高粱单宁含量≤0.3%，澳大利亚高粱单宁含量≤0.7%，美国高粱更适合作为饲料原料，澳大利亚高粱更适合酿酒。

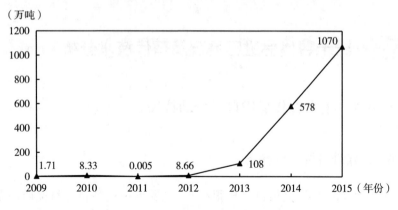

图 5 – 3　2009 ~ 2015 年中国高粱进口量

资料来源：中国海关总署网站。

2013 年增长到 234 万吨。2013 年以后中国大麦进口量出现爆发式增长，2014 年为 541 万吨（是 2013 年的 2.31 倍），2015 年达到 1070 万吨，比 2014 年增长 97.78%。值得关注的是：中国大麦进口来源国越来越集中，2015 年从欧盟和澳大利亚进口的大麦占中国大麦进口总量的 82.22%[①]。

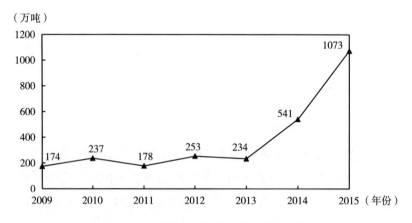

图 5 – 4　2009 ~ 2015 年中国大麦进口量

资料来源：中国海关总署网站。

---

① 资料来源：联合国商品贸易数据库（UN Comtrade）。

3. DDGS 进口量变动特征

随着生物能源产业的发展，作为燃料乙醇的副产物 DDGS（distillers dried grains with solubles）逐渐成为重要的饲料原料。2009 年以前中国 DDGS 进口量很少[①]，美国和加拿大是中国 DDGS 进口的主要供应国。从 2009 年起，中国 DDGS 进口量快速增长，当年进口 66 万吨（见图 5－5），是 2008 年的 101.24 倍。此后，DDGS 进口量保持迅猛增长态势，2015 年达到 682 万吨。需要说明的是，2011 年 DDGS 进口量出现下降，主要是因为 DDGS 进口增长太快，国家商务部对美国 DDGS 发起反倾销调查，影响饲料企业对美国 DDGS 的进口需求。值得关注的是：2013 年以后，中国 DDGS 来源国变得相当单一。由于生产原料及制作工艺的优势[②]，美国生产的 DDGS 脂肪、赖氨酸以及有效磷含量高，黄曲霉素含量低，中国进口的 DDGS 有 99.99%[③]来自美国。

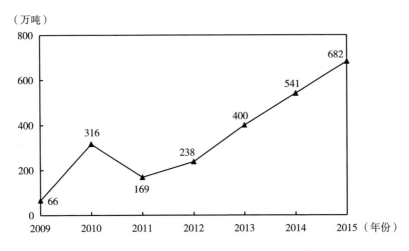

图 5－5　2009～2015 年中国 DDGS 进口量

资料来源：中国海关总署网站。

---

① 资料来源：中国海关总署。2000～2008 年中国 DDGS 年均进口量为 149 吨。

② 美国玉米品种优质，烘干技术先进，用于生产燃料乙醇的原料较好。同时，美国采用采用干法生产 DDGS，最大限度保留了玉米原料中有效能值以及营养成分（蛋白质、粗脂肪、可消化纤维以及有效磷）。

③ 资料来源：联合国商品贸易数据库（UN Comtrade）。

4. 木薯进口量变动特征

木薯是重要的工业原料,同时也是优质的饲料原料。在中国,进口木薯主要用作生产燃料乙醇、淀粉和柠檬酸。然而,随着国内玉米价格上涨,木薯逐渐作为饲料原料替代国内玉米(同时也作为酒精原料、淀粉原料替代国内玉米)。2008 年中国木薯进口量仅为 197.63 万吨,中国主要从泰国、越南、印度尼西亚、尼日利亚进口木薯。2009 年开始,中国木薯进口量急剧增长,当年进口量达到 611 万吨(见图 5 - 6),是 2008 年的 3.09 倍。此后,保持稳步增长态势,2015 年达到 937.6 万吨,比 2009 年增长 53.53%。值得关注的是:2012 年以后,泰国成为中国最大的木薯供应国,2015 年来自泰国的木薯占进口总量的 80%[1],这表明中国木薯进口来源地变得更加集中。

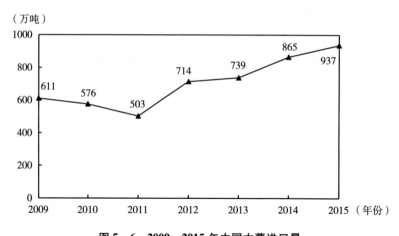

图 5 - 6　2009~2015 年中国木薯进口量

资料来源:中国海关总署网站。

5.2.2　玉米替代品替代玉米的技术性分析

1. 高粱替代玉米的技术分析

高粱作为饲料原料替代玉米,最大障碍来自单宁。单宁会影响饲料适

---

① 资料来源:联合国商品贸易数据库 (UN Comtrade)。

口性，导致动物采食量降低、营养物质消化率以及利用率下降①。研究表明，相比于无单宁高粱，含有单宁的高粱饲用利用率低5%～10%②。因此在饲料中使用无单宁或者低单宁含量（单宁含量≤1%）的高粱最理想③。随着制种技术的进步，低单宁和无单宁含量的高粱品种已被培育出来，并被广泛用于饲料行业④。同时，随着饲料加工技术的发展，通过添加酶制剂可以实现高粱对玉米的规模替代⑤。

2. 大麦替代玉米的技术分析

在国外大麦用作饲料原料比较广泛，澳大利亚、加拿大、新西兰大麦饲用比例均超过30%⑥。在我国传统饲料配方中很少使用大麦，主要是由于大麦中的β－葡聚糖和阿拉伯木聚糖等非淀粉多糖（NSP）会降低营养成分的消化和利用⑦。随着生物科技的进步，酶制剂的应用解决了饲料中大麦替代玉米面临的非淀粉多糖问题。在大麦日粮中添加NSP酶制剂可有

---

① 苗静平. 单宁含量较高的高粱对育成牛的生产性能和胴体特性的影响 [J]. 饲料广角，2012（2）：46－47；万建美，孙相俞，E. B. Etuk，N. J. Okeudo，B. O. Esonu，A. B. I. Udedibie. 高粱中抗营养因子的化学性质及对畜禽的影响与作用机制 [J]. 国外畜牧学（猪与禽），2014，34（12）：9－11；高振川，姜云侠，金月英，刘金旭. 两种单宁含量不同的高粱饲喂肉用仔鸡的效果 [J]. 畜牧兽医学报，1985（2）：89－92.

② 万建美，孙相俞，何闪. 高粱单宁在认识上的谬误 [J]. 国外畜牧学（猪与禽），2015，35（4）：71－72，5.

③ 朱云香. 高粱饲用价值与单宁含量的关系 [J]. 国外农学杂粮作物，1991（2）：27；刁其玉，杨忠源，黄俊纯. 高粱单宁对鸡体内物质代谢的影响 [J]. 中国畜牧杂志，1990（2）：30－31.

④ 尚秀国，朱晓萍，郭维先. 无单宁高粱替代玉米对肥育猪生产性能的影响 [J]. 中国畜牧杂志，2004（7）：49－50；Farrelld J.，Perez-maldonado R. A. Tannins in feedstuffs used in the diets of pigs and poultry in Australia [C] //Brooker J. D. Tannins in livestock and human nutrition: proceedings of an international workshop. Canberra: Australian Centre for International Agricultural Research，1999：24－29；唐茂妍，陈旭东. 高粱在饲料中的应用 [J]. 中国饲料，2013（4）：39－41.

⑤ 张福耀，吴树彪，柳青山. 影响高粱饲用价值主要内在因素及其对策 [J]. 动物营养学报，2016，28（1）：1－8；高大占. 高粱大麦替代玉米缘何占比越来越高 [N]. 中国畜牧兽医报，2015－8－23（15）.

⑥ 张融，李先德. 饲料大麦的应用价值及开发前景 [J]. 中国食物与营养，2015，21（7）：27－31.

⑦ 赖长华，欧秀琼，钟正泽，黄建，孔路军，江山，刘作华. 大麦替代玉米饲料对仔猪和生长猪生长性能的影响研究 [J]. 养猪，2001（3）：19－21.

效消除 β - 葡聚糖和阿拉伯木聚糖等非淀粉多糖抗氧作用，提高大麦替代玉米的比例。猪饲料配方中，大麦替代45%的玉米不会对猪的生长带来不良影响。

3. DDGS 替代玉米的技术分析

DDGS 因蛋白质、粗脂肪、有效磷值、可消化纤维含量高，被认为是优质的蛋白饲料。DDGS 在饲料日粮中对玉米的最佳替代率为75%[①]。DDGS 替代饲料配方中的玉米需要解决两个问题：第一，降低黄曲霉素含量。燃料乙醇生产过程中玉米未经毒素处理，黄曲霉素保留在 DDGS 中。随着脱毒技术的发展，黄曲霉素可以被控制在理想范围内。第二，赖氨酸和蛋氨酸含量过低。随着饲料添加剂技术的进步，通过补充专用赖氨酸和蛋氨酸，可以解决 DDGS 型饲料日粮中氨基酸不足的问题。

4. 木薯替代玉米的技术分析

木薯因有效能值和消化率高，被认为是优质的饲料原料。在传统饲料配方中，印度、越南、菲律宾等国普遍使用木薯替代配方中的谷物饲料。相关研究证实，猪日粮中木薯能够替代30%~50%的玉米[②]。木薯替代饲料中的玉米需要解决毒素和味苦问题。由于木薯中含有亚麻苦甙毒素（水解后会产生氢氰酸（HCN），极易造成动物中毒。通过控制水分（14%以下）、阳光晒干、加热干燥等传统方法可以降低 HCN 的含量[③]。随着脱毒技术的进步，加工低毒或无毒木薯已成为现实。同时，通过添加砂糖或者专用调味剂能够解决木薯味苦的问题。

---

① Fabiosa J. F., J. Hansen H. Matthey P. Suwen and T. Francis. Assessing China's Potential Import Demand for Distillers Dried Grain: Implications for Grain Trade [M]. CARD Staff Report. Paper 13, 2009; Markham S. Distillers Dried Grains and Their Impact on Corn, Soymeal and Livestock Markets [M]. USDA Agricultural Outlook Forum, 2005.

② 朱钦龙，（日）大成清. 木薯在猪饲料中的应用 [J]. 广东饲料，1997（6）：13 - 16.

③ 熊本海，庞洪之. 木薯产品用作动物饲料应该注意的问题 [J]. 中国饲料，2001（9）：31 - 33.

5.3　玉米替代品替代系数及替代玉米量的测算

5.3.1　基于有效能值的玉米替代系数算法

饲料企业是通过对不同饲料原料的最优组合来制定饲料配方的[①]，不同饲料原料的比例则由动物营养标准以及饲料原料的有效能值决定。对于特定的动物（如猪、牛、鸡等），日粮中需要的有效能值是恒定的，由于玉米、高粱、大麦、DDGS、木薯有效能值含量存在差异，因此在饲料配方中高粱、大麦、DDGS、木薯对玉米的替代并非等量的替代关系，本书用替代系数描述这种差异。

国际上在评定猪饲料能值时，猪净能（NE）体系被认为是唯一能够表达出动物真实能量需求的能量体系，其预测模型已被广泛应用于日粮配方中（美国国家科学院科学研究委员会（NRC），2014；熊本海等，2015）。本书以市场份额最大的猪饲料为标准，参照 NRC 标准中猪（生长肥育猪）日粮能量需求以及《中国饲料成分及营养价值表（2015 年第 26 版）》，选取有效能值中猪净能（NE）体系，测算高粱、大麦、DDGS、木薯在猪日粮中替代玉米的系数。

具体测算步骤为：（1）根据 NRC 公布的标准，确定猪日粮中有效能值的需求量（NE 需求值为 13.39 兆焦/千克）。（2）参照中国农业科学院中国饲料数据库中预测模型计算净能值[②]。（3）综合猪日粮有效能值需求量以及不同饲料原料有效能值含量进行归一化处理（以玉米为参照）[③]。经

[①]　饲料企业配制饲料配方时，采用玉米、豆粕、高粱、大麦、DDGS、木薯等饲料原料，根据各种饲料原料价格以及动物的营养需要，在可行替代方案中寻求成本最低的原料配制比例。

[②]　饲料中猪净能值计算公式为：$NE/(MJ/kg\ DM) = 0.700 \times DE + 1.61 \times EE + 0.48 \times Starch - 0.91 \times CP - 0.87 \times ADF$，其中，NE 是净能值，DE 为消化能（兆焦/千克），EE、Starch、CP、ADF 分别为干物质中粗脂肪、淀粉、粗蛋白质及酸性洗涤纤维的含量（克/千克 DM）。玉米、高粱、大麦、小麦、DDGS 常规成分及含量参见熊本海等（2015）。

[③]　第一步，计算出不同饲料原料猪净能值与猪日粮 NE 的比值；第二步，乘以归一化因子 $13.39/10.98 = 1.2195$。然后计算出不同饲料原料对玉米的替代系数。

测算，高粱、大麦、DDGS、木薯替代玉米的系数分别为 0.929、0.863、0.857、0.956，如表 5 - 1 所示。

表 5 - 1　　　　　　不同品种饲料原料主要成分及对玉米的替代系数

饲料 名称	粗脂肪 （%）	淀粉 （%）	粗蛋白质 （%）	酸性洗涤 纤维（%）	猪消化能 （兆焦/千克）	猪净能 （兆焦/千克）	替代系数
玉米	7.80	3.50	62.60	2.60	14.180	10.980	1.000
高粱	9.00	3.40	68.00	8.00	13.180	10.200	0.929
大麦	11.00	1.70	52.20	3.90	13.560	9.480	0.863
DDGS	27.50	10.10	26.70	12.20	12.970	9.410	0.857
木薯	0.70	71.60	2.50	6.40	13.100	10.500	0.956

资料来源：熊本海、罗清尧、赵峰、庞之洪. 中国饲料成分及营养价值表（2015 年第 26 版）制定说明 [J]. 饲料广角，2015（23）：21 - 31.

5.3.2　玉米替代品替代玉米量的测算

玉米临时收储政策实施后，为了保障国家粮食安全以及农民收益，政府逐年提高玉米收储价格，饲料企业开始使用进口的高粱、大麦、DDGS 和木薯替代国内玉米。为了逼真测算玉米临时收储政策期间，进口的玉米替代品替代玉米的数量，本书根据猪饲料配方中有效能值替代法计算进口替代品对玉米的替代系数，在此基础上测算 2009~2015 年进口的高粱、大麦、DDGS、木薯对玉米的替代量。如表 5 - 2 所示，玉米替代品替代国内玉米具有明显的两阶段特征。

表 5 - 2　　　　　2009~2015 年中国玉米替代品替代玉米数量　　　　单位：万吨

年份	高粱（0.929）		大麦（0.863）		DDGS（0.857）		木薯（0.956）		折合 总量
	进口量	折合量	进口量	折合量	进口量	折合量	进口量	折合量	
2009	1.71	1.6	174	150	66	57	611	584	792
2010	8.33	7.7	237	205	340	291	576	551	1055
2011	0.005	0.004	178	154	169	145	503	481	780
2012	8.66	8	253	218	238	204	714	683	1113
2013	108	100	234	202	400	343	739	706	1351
2014	578	537	541	467	541	464	865	827	2295
2015	1070	994	1073	926	682	584	938	897	3401

资料来源：中国海关总署网站。

第一阶段：起伏波动阶段（2009～2012 年）。2009 年，高粱、大麦、DDGS、木薯替代国内玉米 792 万吨，2010 年快速增加到 1055 万吨，比 2009 年增长 33.21%。2011 年下降到 780 万吨。2011 年突破 1000 万吨，达到 1113 万吨。该阶段高粱、大麦、DDGS、木薯替代国内玉米的数量占玉米库存增量的 15%～38%。

第二阶段：爆发式增长阶段（2013～2015 年）。2013 年，高粱、大麦、DDGS、木薯替代国内玉米的数量达到 1351 万吨（比 2012 年增长 21.38%）。2014 年迅猛增加到 2295 万吨（比 2013 年增长 69.87%）。2015 年突破 3000 万吨，达到 3401 万。2013～2015 年玉米替代品替代国内玉米数量的年均增速高达 58.66%。该阶段高粱、大麦、DDGS、木薯替代国内玉米的数量占玉米库存增量的 45%～67%，这意味着如果没有进口高粱、大麦、DDGS、木薯，2013～2015 年有 45%～67% 的增量库存玉米会被饲料行业消费①。

5.4　玉米替代品替代国内玉米的原因分析

玉米临时收储时期，高粱、大麦、DDGS、木薯大量替代国内玉米主要有三方面原因：第一，进口的高粱、大麦、DDGS、木薯具有成本优势，使用它们替代国内玉米存在价格红利。价格红利是指在饲料配方中使用高粱、大麦、DDGS、木薯与使用国内玉米得到的成本节约。本书价格红利计算内含了玉米替代品对玉米的替代系数，这种算法能够体现出进口的替代品与国内玉米的真实价差②。第二，制种技术的发展、饲料添加剂技术的进步、脱毒技术的突破，使得高粱、大麦、DDGS、木薯在饲料行业中大规模替代玉米成为现实。第三，高粱、大麦、DDGS、木薯没有进口配

---

① 资料来源：高粱、大麦、DDGS、木薯进口量数据来源于中国海关总署；玉米库存数据来源于布瑞克数据库。

② 算法举例：某月大麦平均进口价格为 2000 元/吨，当月国内玉米价格 1500 元/吨，大麦替代玉米的系数为 0.863（即 0.863 公斤玉米的有效能值与 1 公斤大麦相当，也就是说 1.1587 公斤大麦与 1 公斤玉米有效能值等价）。以 1 公斤玉米替代为例，大麦替代玉米的价格红利就为 0.001 × (2000 − 1500 × 1/0.863) = 0.2620 元。

额限制。然而，存在价格红利是高粱、大麦、DDGS、木薯大量替代国内玉米的根本原因。

5.4.1 玉米替代品价格红利与进口量变化

高粱、大麦、DDGS、木薯进口数量与玉米替代品价格红利高度相关，表现为高粱、大麦、DDGS、木薯进口数量与玉米替代品价格红利呈正向变动关系。通过现实数据对比发现，玉米替代品进口量迅猛增加与玉米替代品价格红利较大的时间相吻合。

1. 高粱价格红利与进口量变化

如图 5 - 7 所示，高粱进口量与高粱价格红利具有同向变动趋势。2012 ~ 2015 年出现过三次高粱价格红利上升（或者较大）的情况。第一次为 2013 年 1 月至 2013 年 10 月（价格红利上升阶段），高粱价格红利在 0.48 ~ 0.74 元波动；第二次为 2014 年 2 月至 2014 年 10 月（价格红利较大阶段），高

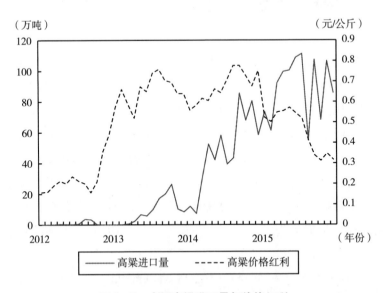

图 5 - 7　中国高粱进口量与价格红利

注：高粱的价格红利是根据进口平均价、国内玉米价格以及替代系数计算得来。
资料来源：高粱进口量数据来源于中国海关总署网站。高粱进口平均价数据来源于中国海关总署网站，国内玉米价格数据来源于国家统计局网站。

粱价格红利在 0.56~0.78 元波动；第三次为 2015 年 2 月至 2015 年 12 月，高粱价格红利在 0.32~0.55 元波动。当高粱价格红利大于 0.32 元时，高粱进口量就会迅猛增加。2012 年以前中国高粱进口量很小，主要是由于不存在价格红利。2013 年 1 月至 2013 年 10 月，高粱价格红利达到 0.64 元（月均），该时期中国高粱进口量为 89 万吨，比 2012 年同期增长 927.71%。2014 年 2 月至 2014 年 10 月，市场上出现了更高的高粱价格红利（月均 0.69 元），该时期中国高粱进口量达到 453 万吨，比 2013 年同期增长 408.99%。东南沿海地区饲料企业开始大量使用进口高粱替代国内玉米。2015 年 2 月至 2015 年 12 月，市场依然保持较高的价格红利（月均 0.49），该时期中国高粱进口量达到 803 万吨。北方内陆省份开始在饲料配方中提高高粱的添加比。

2. 大麦价格红利与进口量变化

如图 5-8 所示，大麦进口量与大麦价格红利具有同向变动趋势。2012~2015 年出现过三次大麦价格红利上升（或者较大）的情况。第一次为 2012 年 3 月至 2012 年 10 月（价格红利较大阶段），大麦价格红利在 0.14~0.30 元波动；第二次为 2014 年 1 月至 2014 年 11 月（价格红利上升阶段），大麦价格红利在 0.16~0.46 元波动；第三次为 2015 年 3 月至 2015 年 12 月，大麦价格红利在 0.19~0.43 元波动。当大麦价格红利大于 0.14 元时，大麦进口量就会迅猛增加。2012 年以前中国大麦进口量比较稳定，主要是由于价格红利较低（或者不存在）。2012 年 3 月至 2012 年 10 月，大麦价格红利达到 0.22 元（月均），该时期中国大麦进口量为 205 万吨，比 2011 年同期增长 47.48%。2014 年 1 月至 2014 年 11 月，市场上出现更高的大麦价格红利（月均 0.31 元），该时期中国大麦进口量达到 463 万吨，比 2013 年同期增长 116.36%。2015 年 2 月至 2015 年 12 月，市场依然保持较高的价格红利（月均 0.28），该时期中国大麦进口量达到 985 万吨，比 2014 年同期增长 85.50%。

3. DDGS 价格红利与进口量变化

如图 5-9 所示，DDGS 进口量与 DDGS 价格红利具有同向变动趋势。

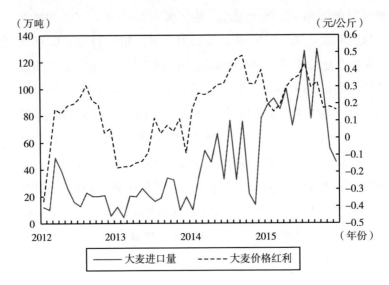

图 5 - 8　中国大麦进口量与价格红利

注：大麦的价格红利是根据进口平均价、国内玉米价格以及替代系数计算得来。

资料来源：大麦进口量数据来源于中国海关总署网站。大麦进口平均价数据来源于中国海关总署网站，国内玉米价格数据来源于国家统计局网站。

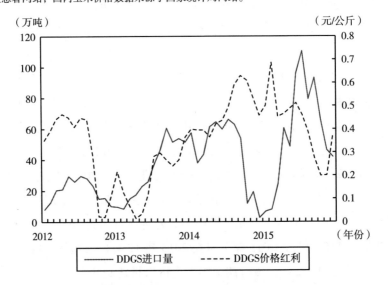

图 5 - 9　中国 DDGS 进口量与价格红利

注：DDGS 的价格红利是根据进口平均价、国内玉米价格以及替代系数计算得来。

资料来源：DDGS 进口量数据来源于中国海关总署网站。DDGS 进口平均价数据来源于中国海关总署网站，国内玉米价格数据来源于国家统计局网站。

2012~2015 年出现过三次 DDGS 价格红利上升（或者较大）的情况。第一次为 2012 年 1 月至 2012 年 8 月（价格红利较大阶段），DDGS 价格红利在 0.35~0.46 元波动；第二次为 2014 年 2 月至 2014 年 11 月（价格红利上升阶段），DDGS 价格红利在 0.40~0.63 元波动；第三次为 2015 年 1 月至 2015 年 8 月，DDGS 价格红利在 0.38~0.68 元波动。当 DDGS 价格红利大于 0.35 元时，DDGS 进口量就会迅猛增加。2012 年以前中国 DDGS 进口量不多，主要是因为较小的价差无法形成有利的价格红利。2012 年 1 月至 2012 年 8 月，DDGS 价格红利达到 0.43 元（月均），该时期中国 DDGS 进口量为 175 万吨，比 2011 年同期增长 80.41%。2014 年 2 月至 2014 年 11 月，市场上出现更高的价格红利（月均 0.54 元），该时期中国 DDGS 进口量达到 481 万吨，比 2013 年同期增长 23.65%。2015 年 1 月至 2015 年 8 月，市场依然保持较高的价格红利（月均 0.45），该时期中国 DDGS 进口量达到 434 万吨，比 2014 年同期增长 26.71%。

4. 木薯价格红利与进口量变化

如图 5-10 所示，木薯进口量与木薯价格红利具有同向变动趋势。2012~2015 年出现过三次木薯价格红利上升（或者较大）的情况。第一次为 2013 年 4 月至 2013 年 10 月（价格红利较大阶段），木薯价格红利在 0.52~0.57 元波动；第二次为 2014 年 2 月至 2014 年 7 月（价格红利上升阶段），木薯价格红利在 0.60~0.64 元波动；第三次为 2015 年 2 月至 2015 年 8 月，木薯价格红利在 0.68~0.73 元波动。当木薯价格红利大于 0.52 元时，木薯进口量就会迅猛增加。2012 年以前中国木薯进口量比较稳定，主要是由于价格红利保持较低水平。2013 年 4 月至 2013 年 10 月，木薯价格红利达到 0.55 元（月均），该时期中国木薯进口量为 360 万吨，比 2011 年同期增长 24.38%。2014 年 2 月至 2014 年 7 月，市场上出现更高的木薯价格红利（月均 0.59 元），该时期中国木薯进口量达到 463 万吨，比 2013 年同期增长 116.36%。2015 年 2 月至 2015 年 12 月，市场依然保持较高的价格红利（月均 0.61），该时期中国木薯进口量达到 871 万吨。

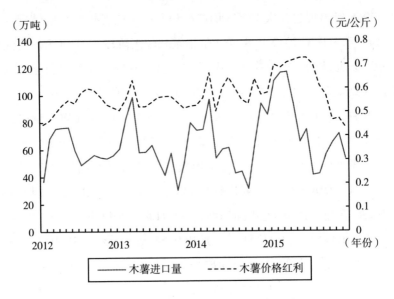

图 5-10　中国木薯进口量与价格红利

注：木薯的价格红利是根据进口平均价、国内玉米价格以及替代系数计算得来。

资料来源：木薯进口量数据来源于中国海关总署网站。木薯进口平均价数据来源于中国海关总署网站，国内玉米价格数据来源于国家统计局网站。

5.4.2　玉米替代品价格红利对进口量影响的实证分析

1. 分析框架

假设玉米（corn）为饲料企业使用的主要饲料原料，高粱（sorghum）、大麦（barley）、DDGS、木薯（cassava）为玉米的替代原料，假定饲料企业对国内玉米的需求受玉米价格和玉米替代品价格的影响。高粱、大麦、DDGS、木薯进口量仅受进口价格与以及与国内玉米价格差的影响（本书以价格红利描述这种价格差异）。市场上存在多种替代品，并且替代品进口不受管制时，玉米价格大幅上涨将会引发玉米替代品对玉米的替代，它们之间会形成复杂的"价格与数量"联动关系。在满足上述假定条件下，玉米与进口高粱、大麦、DDGS、木薯之间的数量和价格关系可以被表述为：

$$Q_t^{total} = Q \{ Q_t^{corn} (P_t^{corn}, P_t^{barley}, P_t^{sorghum}, P_t^{wheat}, P_t^{ddgs}), Q_t^{sorghum} (P_t^{sorghum}, P_t^{corn}),$$
$$Q_t^{barley} (P_t^{sorghum}, P_t^{corn}), Q_t^{ddgs} (P_t^{ddgs}, P_t^{corn}), Q_t^{cassava} (P_t^{cassava}, P_t^{cassava}) \} \quad (5-1)$$

式（5-1）中，Q_t^{total} 为国内饲料粮消费总量，Q_t^{corn} 为国内玉米饲用消费总量，$Q_t^{sorghum}$、Q_t^{barley}、Q_t^{ddgs}、$Q_t^{cassava}$ 分别为高粱、大麦、DDGS、木薯进口量；P_t^{corn} 为国内玉米价格，$P_t^{sorghum}$、P_t^{barley}、P_t^{ddgs}、$P_t^{cassava}$ 分别为高粱、大麦、DDGS、木薯进口平均价格。

根据成本收益理论，饲料企业是否使用玉米替代品替代玉米，主要取决于玉米替代品是否能够带来成本节约（即是否存在价格红利），根据上文的现实数据对比，当玉米替代品价格红利较大或者增加时，玉米替代品进口数量就会增加；当玉米替代品价格红利较小或者减少时，玉米替代品进口数量就会减少。因此，本书提出并检验以下假说：

H_{5-1}：玉米替代品价格红利与玉米替代品进口量存在正相关关系。

2. 数据说明

本书采用月度数据进行实证分析，时间为 2012 年 1 月至 2015 年 12 月[①]，共计 48 个样本。国内饲料粮总消费量、国内玉米饲用总消费量数据来源于美国农业部。高粱、大麦、DDGS、木薯进口量和进口平均价数据来源于中国海关总署，玉米替代品进口平均价使用人民币计价数据（参照中国人民银行公布的月均人民币兑美元汇率，将美元标价下的进口平均价折算为人民币标价）；国内玉米价格采用集贸市场中等玉米市场价格，数据来源于国家统计局。除此之外，为了便于阐述实证结果，将模型的数据单位做如下调整：玉米饲用总消费量，玉米替代品进口量以万吨为单位，高粱、大麦、DDGS、木薯进口平均价均以百元/吨为单位。

3. 模型的构建与估计

综合考虑国内饲料粮消费与各品种结构消费、玉米饲用消费与玉米替代品价格红利以及玉米替代品进口量与玉米替代品价格红利之间的关系，

---

① 由于高粱、大麦的进口价格数据缺失，因此选用了 2012 年 1 月至 2015 年 12 月的数据，统计软件使用 Eviews 6.0。

在原假设基础上分解式（5-1），得到以下联立方程组：

$$\begin{cases} Q_t^{corn} = \alpha_1 + \alpha_2 \Delta P_t^{corn(s)} + \alpha_3 \Delta P_t^{corn(b)} + \alpha_4 \Delta P_t^{corn(d)} + \alpha_5 \Delta P_t^{corn(c)} + \varepsilon_{1t}; \\ Q_t^{sorghum} = \theta_1 + \theta_2 \Delta P_t^{corn(s)} + \varepsilon_{2t}; \\ Q_t^{barley} = \beta_1 + \beta_2 \Delta P_t^{corn(b)} + \varepsilon_{3t}; \\ Q_t^{ddgs} = \lambda_1 + \lambda_2 \Delta P_t^{corn(d)} + \varepsilon_{4t}; \\ Q_t^{cassava} = \gamma_1 + \gamma_2 \Delta P_t^{corn(c)} + \varepsilon_{5t}; \\ Q_t^{total} = Q_t^{corn} + Q_t^{sorghum} + Q_t^{barley} + Q_t^{ddgs} + Q_t^{cassava} \end{cases} \quad (5-2)$$

式（5-2）中，$\Delta P_t^{corn(s)}$、$\Delta P_t^{corn(b)}$、$\Delta P_t^{corn(d)}$、$\Delta P_t^{corn(c)}$ 分别为高粱、大麦、DDGS、木薯的价格红利。方程 1（Q_t^{corn} 方程）为国内玉米饲用消费方程，用以描述国内玉米饲料用消费量和高粱、大麦、DDGS、木薯价格红利之间的关系；方程 2（$Q^{sorghum}$ 方程）、方程 3（Q^{barley} 方程）、方程 4（Q^{ddgs} 方程）、方程 5（$Q^{cassava}$ 方程）依次为高粱、大麦、DDGS、木薯进口需求方程，用以描述玉米替代品进口量与玉米替代品价格红利之间的关系。方程 6（Q_t^{total} 方程）为国内饲料粮总消费方程，用以描述国内饲料粮的主要构成部分及需求量。

根据联立方程模型的识别准则，通过秩条件可以判定上述方程组是可识别的，内生变量和前定变量的数量关系（"阶条件"的等号关系）显示方程组是过度识别的。对于联立方程组的估计，通常有两种方法：有限信息法（单一估计法）和完全信息法（系统估计法）。有限信息法是逐一估计方程参数，完全信息法是同时估计所有参数。Hausman 检验拒绝了原假设，接受"方程有联立性"备择假设。因此本书采用完全信息法（系统估计法）进行参数估计。联立方程模型中，各方程随机扰动项通常存在跨方程相关（例如，ε_{1t} 和 ε_{2t} 相关），上述情况下使用 OLS 方法会出现估计偏误[1]，而 3SLS 估计方法能够得到无偏、有效估计[2]。3SLS 估计方法首先使用 OLS 方法得到内生变量估计值，然后对换位的结构方程使用 OLS 方法

---

[1] 庞浩. 计量经济学（第二版）[M]. 北京：科学出版社, 2010.

[2] 杰弗里·M. 伍德里奇. 计量经济学导论：现代观点（第五版）[M]. 张成思、李红、张步昙译, 北京：中国人民大学出版社, 2015；樊欢欢, 李嫣怡, 陈胜可. Eviews 统计分析与应用 [M]. 北京：机械工业出版社, 2011.

得到参数的 2SLS 估计值，最后采用 GLS 方法得到结构方程参数的估计值。估计结果如表 5 – 3 所示。

表 5 – 3　　　　　　　　　　联立方程模型 **3SLS 估计结果**

变量	方程 1	方程 2	方程 3	方程 4	方程 5
常数项（C）	37.46 * (20.81)	57.90 * (25.17)	64.81 * (34.11)	37.63 (24.12)	12.36 (7.27)
高粱价格红利 ($\Delta P_t^{corn(s)}$)	– 124.66 * (68.12)	39.96 ** (17.37)	—	—	
大麦价格红利 ($\Delta P_t^{corn(b)}$)	– 137.15 * (72.56)	—	30.68 *** (5.67)	—	
DDGS 价格红利 ($\Delta P_t^{corn(d)}$)	– 118.39 ** (56.38)	—	—	26.41 ** (13.24)	
木薯价格红利 ($\Delta P_t^{corn(c)}$)	– 109.76 *** (50.81)	—	—	—	15.58 *** (5.03)
R^2	0.9235				

注：***、**、* 分别表示在 1%、5% 和 10% 的水平上显著；括号中数字为标准差。

4. 模型结果与经济学解释

表 5 – 3 给出了联立方程模型 3SLS 估计结果，可决系数 $R^2 = 0.9235$，表明方程拟合效果较好。方程 1 中，高粱价格红利（$\Delta P_t^{corn(s)}$）、大麦价格红利（$\Delta P_t^{corn(b)}$）、DDGS 价格红利（$\Delta P_t^{corn(d)}$）、木薯价格红利（$\Delta P_t^{corn(c)}$）变量系数分别在 10%、10%、5% 和 5% 的水平上显著，说明国内玉米饲用消费量受到玉米替代品价格红利的显著影响，表现为国内玉米饲用消费量与玉米替代品价格红利呈反向变动关系（玉米替代品价格红利各项系数均为负）。价格红利上升，国内玉米饲用消费量减少；价格红利下降，国内玉米饲用消费量增加。方程 2 中，高粱价格红利（$\Delta P_t^{corn(s)}$）在 5% 的水平上显著，说明高粱进口量受到高粱价格红利的显著影响。高粱价格红利增加 100 元/吨，高粱进口量增加 39.96 万吨。方程 3 中，大麦价格红利（$\Delta P_t^{corn(b)}$）在 1% 的水平上显著，说明大麦进口量受到大麦价格红利的显著影响。大麦价格红利增加 100 元/吨，大麦进口量增加 30.68 万吨。方程 4 中，DDGS 价格红利（$\Delta P_t^{corn(d)}$）在 5% 的水平上显著，说明 DDGS 进口量受到 DDGS 价格红利的显著影响。DDGS 价格红利增加 100 元/吨，DDGS

进口量增加 26.41 万吨。方程 5 中，木薯价格红利（$\Delta P_t^{corn(c)}$）在 1% 的水平上显著。木薯价格红利增加 100 元/吨，木薯进口量增加 15.58 万吨。

由此，H_{5-1} 得到证实。玉米替代品大量进口的主要原因是存在价格红利。高粱、大麦、DDGS、木薯价格红利增加将引起玉米替代品进口量的增加。同理，高粱、大麦、DDGS、木薯价格红利减少也会引起玉米替代品进口量的下降。

5.4.3 玉米临时收储价格调整后的新变化

上文已实证玉米替代品进口量与玉米替代品价格红利存在正相关关系。2012 年 1 月至 2015 年 12 月相关数据主要说明玉米替代品进口量与玉米替代品价格红利之间的同增关系。下文以 2016 年的新数据证实两者之间的同减关系。国家下调玉米临时收储价格后[①]，引起了国内玉米市场价格下跌，玉米替代品价格红利减少，玉米替代品进口量受到影响（见图 5-11）。

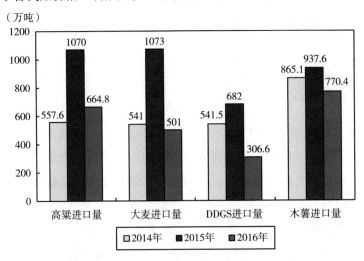

图 5-11 2014~2016 年玉米替代品进口量变化

资料来源：中国海关总署网站。

[①] 资料来源：国家发展和改革委员会网站。2015 年 9 月国家将黑龙江、吉林、辽宁和内蒙古自治区玉米临时收储价格从原来的 2220 元/吨、2240 元/吨、2260 元/吨，统一调整为 2000 元/吨，调价幅度分别为 9.9%、10.71% 和 11.50%。

（1）国内玉米价格"断崖式"下跌，玉米替代品价格红利大幅度下降。2015年9月国家下调玉米临时收储价格，引发国内玉米市场价格"断崖式"下跌。2015年国内玉米市场平均价格为2240元/吨，2016年下跌至1720元/吨，下跌幅度高达23.21%。然而，同期国际市场上粮食价格相对平稳，没有出现大幅下降的情况。2012年以来，国际市场上粮食供给充足，加上油价下跌海运成本降低，造成国际粮持久低迷。2016年，中国进口高粱和大麦的平均价仅比2015年下降5.6%和2.2%，DDGS和木薯的平均进口价格与2015年持平。

国内市场玉米价格大幅下跌，国际市场替代品价格平稳，导致内外粮食价差变小，玉米替代品价格红利急剧减少。2016年高粱、大麦、DDGS、木薯的价格红利（月均）下降到0.20元、0.11元、0.19元、0.28元，比2015年减少58.18%、60.51%、57.78%和58.20%。

（2）玉米替代品进口量大幅下降。玉米替代品价格红利急剧下降，引发玉米替代品进口量出现大幅下滑。如图5-11所示，2016年玉米替代品进口量为2243万吨，比2015年（3763万吨）下降40.39%，比2014年（2525万吨）下降11.17%。分品种看，玉米替代品各品种进口量均出现大幅下降，2016年高粱、大麦、DDGS、木薯进口量为664.8万吨、501万吨、306.6万吨、770.4万吨，比2015年分别下降37.87%、53.31%、55.04%、17.83%。另外，与2014年相比，2016年大麦、DDGS、木薯进口量分别下降7.39%、43.38%、10.95%。

2016年的新数据验证了玉米替代品进口量与玉米替代品价格红利的同减关系，从另一个角度证实了玉米替代品进口量与玉米替代品价格红利存在正相关关系。如果中国玉米价格大幅下跌，玉米与玉米替代品价差就会缩小，玉米替代品价格红利下降，玉米替代品进口量减少。

5.5 本章小结

本章主要论证了国外进口替代与国内玉米供给过剩之间的关系。首先分析了玉米饲用消费量下降和玉米替代品饲用消费量增加的基本现实，采用有效能值比较方法测算了玉米对玉米替代品的替代量。其次，建立联立方程模型实证分析了玉米替代品进口量与价格红利之间的关系。最后，使用玉米临时收储价格变化后的新数据进一步证实了两者之间的关系。

玉米替代品大量进口导致国内玉米供给过剩。作物育种技术、饲料加工技术、原料脱毒技术的进步，以及高粱、大麦、DDGS、木薯不受进口配额限制，使得玉米替代品作为饲料原料大规模替代玉米成为可能。然而，价格红利的存在是玉米替代品大量进口的根本原因。玉米替代品进口量与玉米替代品价格红利呈正相关关系，国内玉米饲用消费量与玉米替代品价格红利呈负相关关系。玉米替代品价格红利上升将会带来玉米替代品进口量的增加以及国内玉米饲用消费量减少；同理，玉米替代品价格红利下降将会引起玉米替代品进口量减少和国内玉米饲用消费量增加。

在高粱、大麦、DDGS、木薯进口无配额政策不变条件下，如果高粱、大麦、DDGS、木薯价格红利稳定在 0.32 元、0.14 元、0.35 元、0.52 元的水平①，玉米替代品进口量将会处于"只为品种调剂而进口"的均衡水平。如果出现更高的玉米替代品价格红利，就会引起玉米替代品进口迅猛增长。技术突破后，高粱、大麦、DDGS、木薯成为新的饲料原料，打破了原有的玉米和豆粕主导的饲料供应格局。然而，上述品种国内供给能力严重不足，主要依靠国外进口（高粱主要来自美国和澳大利亚，大麦主要来自澳大利亚、加拿大、欧盟，DDGS主要来自美国，木薯主要来自泰国、越南、印度尼西亚、尼日利亚）。玉米替代品进口来源地太过集中，暴露出较大的粮食进口风险。

---

① 书中高粱、大麦、DDGS、木薯价格红利是以 1 公斤为标准计算的。

第6章

国内消费替代与玉米供给过剩

对比现实数据发现，2009~2015年小麦玉米价格比出现下降（期间最大降幅为22.08%）。与此同时，小麦饲用消费量快速增加（期间最大增幅为150%）①。通常情况下，小麦玉米价格比变小会引发小麦替代玉米的现象。上文已证实消费领域中，进口的玉米替代品作为饲料原料替代国内玉米，冲击了国内玉米消费市场。实际上玉米临时收储时期，国内小麦对玉米也形成了消费替代（特别是小麦主产区），导致国内玉米供给过剩。

本章首先从营养成分、技术突破以及价格条件三方面阐述了小麦作为饲料原料替代玉米的可行性，并分析了2009~2015年中国小麦玉米价格比变化与小麦饲用消费量变动之间的关系。然后基于"营养优化和成本节约"的测算思路，估算了2009~2015年小麦作为饲料原料对玉米的替代数量（以动物营养学、运筹学为基础，参考饲料原料价格，通过调整饲料配方中小麦替代玉米的比例，模拟和测算饲料行业中小麦对玉米消费的替代量②）。最后通过阈值回归模型证实了小麦玉米价格比与玉米替代小麦数

---

① 小麦玉米价格比数据根据中国农产品价格调查年鉴整理得到，中国小麦饲用消费量数据来源于美国农业部网站。

② 计算软件为饲料配方大师（feed formula model）。

量之间的反向变动关系。本章在于从国内消费替代视角考察玉米供给过剩的形成原因，并解释如下价格传导机制：玉米价格上涨会改变小麦玉米价格比关系，饲料企业会调整饲料配方，增加小麦添加比相应减少玉米使用量，上述消费替代决策增加了国内玉米过剩量。

6.1 小麦替代玉米的条件及可行性

6.1.1 小麦与玉米的营养成分比较

小麦作为饲料原料，在很多营养成分上优于玉米。在常规成分方面，小麦的蛋白质、钙含量和总磷值比玉米高72%、89%和52%。在氨基酸方面，小麦的赖氨酸、蛋氨酸、色氨酸和苏氨酸是玉米的152%、140%、250%、130%。在矿物质方面，小麦的铜、铁、锌、锰、硒相当于玉米的232%、244%、141%、791%、125%。小麦的有效能值、脂肪和亚油酸含量低于玉米，分别为玉米的94.43%、48.57%和26.82%[1]。

小麦与玉米营养成分相似，仅从营养价值上看小麦是替代玉米的理想原料。由于营养价值丰富、适口性较好，玉米成为能量饲料中用量最大、应用范围最广的一种饲料原料。传统饲料配方中小麦添加比并不高，主要是由于小麦中含有非淀粉多糖，如阿拉伯木糖醇、β-葡聚糖（见附录10），上述成分为抗氧因子，影响营养成分的消化和吸收。例如可溶性阿拉伯木糖醇会增加生猪胃肠道食糜黏度，减少消化酶与养分接触；不溶性阿拉伯木糖醇会将营养限制在纤维基质中，不利于生猪养分的吸收[2]。

6.1.2 小麦替代玉米的技术条件

作为非常规饲料原料，小麦小规模替代玉米不存在技术障碍，如果

---

[1] 熊本海，罗清尧，赵峰，庞之洪. 中国饲料成分及营养价值表（2015年第26版）制订说明[J]. 中国饲料，2015（21）：23-33；熊本海，罗清尧，赵峰，庞之洪. 中国饲料成分及营养价值表（2015年第26版）（续）[J]. 中国饲料，2015（22）：24-39.

[2] 冯占雨，乔家运. 在肥育猪和母猪饲粮中利用小麦替代玉米的应用研究[J]. 养猪，2012（4）：13-16.

大量替代玉米需实现技术突破。小麦作为饲料原料需要克服抗氧因子、有效能值偏低、脂肪不高、氨基酸缺乏的问题，其中抗氧因子引起的畜禽消化和吸收不利是小麦大量替代玉米的最大障碍。随着酶制剂技术的发展，以木糖醇或者木糖醇为主的复合酶解决了小麦中的抗氧因子问题，饲料企业能够使用"小麦＋专用酶制剂"的新型饲料配方替代"玉米＋豆粕"的传统型饲料配方。另外，对于小麦中有效能值偏低、脂肪不高、氨基酸缺乏的问题，可以通过两种方法解决：第一，提高富含上述营养成分的其他饲料原料（比如大豆）的添加比例；第二，添加人工合成氨基酸。随着饲料加工技术的发展，目前小麦作为饲料原料大规模替代玉米已经不存在技术问题。

除技术可行以外，供给充裕也是小麦大量替代玉米的重要条件。只有当小麦供大于求出现过剩的情况下，小麦才会进入饲料行业大量替代玉米。小麦是中国三大主粮之一，保障口粮安全始终是小麦最重要的用途。小麦的饲料用粮和工业用粮需要在保障口粮安全的前提下才能实现。

6.1.3　小麦替代玉米的经济条件

值得注意的是，饲料企业使用小麦能够实现成本节约是小麦替代玉米的根本原因。当小麦玉米出现合理价差（或者价格比）时，就会发生小麦替代玉米的现象。根据历史经验，当小麦比玉米价格每吨低 50 元时，饲料企业开始使用小麦替代玉米；当小麦比玉米价格每吨低 100 元时，饲料企业将调整饲料配方提高小麦添加比，大规模使用小麦替代玉米。小麦与玉米的正常价格比为 1.1∶1，考虑到添加专用酶制剂的成本，当小麦与玉米价格比达到 1.08∶1 时，在经济上小麦替代玉米具有可行性。当小麦与玉米价格比低于 1.08∶1 时，饲料行业中将出现小麦大规模替代玉米的情况。在饲料配方中，小麦替代玉米带来的效益主要来自两部分：第一，小麦某些营养成分含量高，可以减少其他原料的使用量。例如，小麦蛋白含量高，在饲料配方中能够减少豆粕的使用量。第二，纯价差带来的饲料成本节约。

6.2 小麦玉米价格比与小麦饲用消费量变化特征

6.2.1 小麦替代玉米的理论价格比估算

1. 修正后的 Peterson 算法核心思想

1932 年，美国明尼苏达大学彼得逊（Peterson）教授提出一种测算饲料原料合理价格的估算方法（称为 Peterson 算法），其核心思想是选取玉米作为能量饲料原料的代表，豆粕作为蛋白饲料原料的代表，以玉米、豆粕的能量和蛋白含量为标准，参照饲料原料市场价格，构建饲料原料营养成分与饲料原料价格之间的关系，以此测算不同品种饲料原料（如玉米、小麦、稻谷、棉粕等）之间的理论替代价格。

Peterson 算法忽略了不同品种饲料原料之间的蛋白质差异，在饲料配方中无法体现各种原料之间赖氨酸和蛋氨酸的利用水平[1]。为更精准测算出小麦与玉米的理论替代价格，本书借鉴刘庆华等（2002）和林东康等（2002）的测算方法，将玉米、豆粕的赖氨酸和蛋氨酸含量作为修正因素，利用饲料原料历史价格数据，测算小麦在猪饲料中替代玉米的理论价格比，本书将上述方法称为修正后的 Peterson 算法。

2. 修正后的 Peterson 算法数学表达

根据 Peterson 算法核心思想，饲料行业中小麦替代玉米的理论价格，可以被表述为：

$$P^{wheat} = E^{wheat} \times AP^{corn} + CP^{wheat} \times AP^{soybean} + L^{content} \times L^{price} + M^{content} \times M^{price}$$

$$(6-1)$$

式（6-1）中，P^{wheat} 为小麦替代玉米的理论价格，E^{wheat} 为小麦的能量

---

[1] 刘庆华，林东康，娄凤英，张勇. 饲料原料适宜价格的评定方法 [J]. 饲料工业，2002 (2)：26-27.

价格系数，AP^{corn} 为玉米修正价格，CP^{wheat} 为小麦的蛋白质价格系数，$AP^{soybean}$ 为豆粕修正价格，$L^{content}$ 为小麦赖氨酸含量，L^{price} 为合成赖氨酸价格，$M^{content}$ 为小麦蛋氨酸含量，M^{price} 为合成蛋氨酸价格。

小麦的能值和蛋白价格系数由小麦、玉米、豆粕的粗蛋白质含量和能值综合定义，小麦的能量价格系数可以被表示为：

$$E^{wheat} = (X_0 Y_2 - X_2 Y_0)/(X_1 Y_2 - X_2 Y_1) \qquad (6-2)$$

式（6-2）中，X_0、X_1、X_2 分别为小麦、玉米和豆粕的粗蛋白质含量；Y_0、Y_1、Y_2 分别为小麦、玉米和豆粕的代谢能。

同理，小麦的蛋白价格系数可以被表示为：

$$CP^{wheat} = (X_1 Y_0 - X_0 Y_1)/(X_1 Y_2 - X_2 Y_1) \qquad (6-3)$$

修正后的 Peterson 算法在估算小麦的能量价格和蛋白质价格时，是以能量饲料玉米中的有效能值和蛋白饲料豆粕中的蛋白质为基础的，因此需要排除玉米和豆粕中包含的赖氨酸和蛋氨酸成分价格，得到玉米的修正价格，由如下式子给出：

$$AP^{corn} = C - L_c \times L^{price} - M_c \times M^{price} \qquad (6-4)$$

同理，豆粕的修正价格可以被表示为：

$$AP^{soybean} = D - L_D \times L^{price} - M_D \times M^{price} \qquad (6-5)$$

式（6-4）、式（6-5）中 C 代表玉米市场价格、D 代表豆粕市场价格；L_c 代表玉米的赖氨酸含量，L_D 代表豆粕的赖氨酸含量；M_c 代表玉米的蛋氨酸含量，M_D 代表豆粕的蛋氨酸含量。

实际上，小麦替代玉米作为饲料原料的理论价格由三部分组成：第一，能量价格。第二，蛋白质价格。第三，限制性氨基酸价格（主要是赖氨酸和蛋氨酸），通过算式替代可以被表达为：

$$P^{wheat} = P^{energy} + P^{protein} + P^{aminoacid} \qquad (6-6)$$

式（6-6）中，$P^{energy} = E^{wheat} \times AP^{corn}$，$P^{energy}$ 为能量价格；$P^{protein} = CP^{wheat} \times AP^{soybean}$，$P^{protein}$ 为蛋白质价格；$P^{aminoacid} = L^{content} \times L^{price} + M^{content} \times M^{price}$，$P^{aminoacid}$ 为氨基酸价格。

算法举例：如某月玉米价格每公斤为 2.1 元，豆粕价格每公斤为

4.0 元，合成赖氨酸的价格每公斤为 0.02 元，合成蛋氨酸的价格每公斤为 0.03 元。根据中国饲料成分及营养价值表（2015 年 26 版），玉米、豆粕和小麦蛋白含量分别为 7.8%、44.2%、13.4%，代谢能分别为 13.39 MJ/kg、12.43 MJ/kg、13.22 MJ/kg，玉米赖氨酸、蛋氨酸含量分别为 0.23%、0.15%，豆粕赖氨酸、蛋氨酸含量分别为 2.68%、0.59%，小麦赖氨酸、蛋氨酸含量分别为 0.35%、0.21%，小麦赖氨酸、蛋氨酸消化率分别为 82%、88%，豆粕赖氨酸、蛋氨酸消化率分别为 88%、89%，玉米赖氨酸、蛋氨酸消化率分别为 74%、83%。小麦的能量价格系数 = (13.4 × 12.43 − 44.2 × 13.22) ÷ (7.8 × 12.43 − 44.2 × 13.39) = 0.844；玉米修正价格 = 2.1 − 2.3 × 0.02 − 1.5 × 0.03 = 1.995；小麦的蛋白质价格系数 = (7.8 × 13.22 − 13.4 × 13.39) ÷ (7.8 × 12.43 − 44.2 × 13.39) = 0.1542；豆粕修正价格 = 4.0 − 2.68 × 0.02 − 0.59 × 0.03 = 3.9287；小麦限制性氨基酸价格 = (82 ÷ 74) × 0.35 × 0.02 + (88 ÷ 83) × 0.21 × 0.03 = 0.0144；因此，小麦替代玉米的理论价格 = 0.844 × 1.995 + 0.1542 × 3.9287 + 0.0144 = 2.3039。

3. 小麦替代玉米的理论价格比

测算小麦替代玉米的理论价格比主要分三步：第一，根据玉米、小麦、豆粕的有效能值、蛋白质含量、赖氨酸含量、蛋氨酸含量、赖氨酸消化率、蛋氨酸消化率以及玉米和豆粕的市场价格、合成赖氨酸价格、合成蛋氨酸价格（月度数据）①，计算小麦替代玉米的理论价格。第二，根据小麦替代玉米的理论价格和玉米市场价格，计算小麦替代玉米的理论价格比。第三，根据历史价格数据和小麦替代玉米的理论价格比（月度价格比）确定分类阈值。经计算和阈值划分，得到小麦替代玉米的理论价格比频数值（见表 6-1）。

---

① 玉米、小麦、豆粕营养价值成分以及有效能值数据来源于熊本海等《中国饲料成分及营养价值表（2015 年第 26 版）》，合成赖氨酸、合成蛋氨酸、玉米、豆粕的市场价格（月度）数据来源于布瑞克数据库。

表6-1　　　　　　　　　小麦替代玉米的理论价格比频数值

小麦玉米理论价格比（Ptheory）	频数	频率
$P_{theory} > 1.05$	11	13.1%
$P_{theory} \leqslant 1.05$	73	86.9%

注：表中数据是根据计算的小麦替代玉米的理论价格比分类得到，分类界限（阈值）按照频率 >80% 确定的。小麦替代玉米的理论价格比采用修正后的 Peterson 算法，根据 2009~2015 年市场上合成赖氨酸、合成蛋氨酸、玉米、豆粕的价格（月度）以及玉米、小麦、豆粕营养价值成分以及有效能值计算得到。

6.2.2　小麦玉米实际价格比阶段及频率划分

1. 小麦玉米实际价格比阶段划分

2009~2015 年，中国小麦玉米价格比分为三个阶段。第一阶段，持续下降阶段（2009~2010 年）。2009 年开始，小麦玉米价格比进入长达两年的下降期。2009 年 3 月小麦玉米价格比为 1.19（见图 6-1），之后连续下降，2010 年 7 月下降至 0.97，降幅达到 18.49%，主要是由于玉米价格上涨过快引起的。2009 年，内蒙古、辽宁、吉林、黑龙江玉米临时收储价格为每公斤 0.76 元、0.76 元、0.75 元、0.74 元，2010 年国家上调至每公斤 0.91 元、0.91 元、0.90 元、0.89 元，价格上涨幅度分别为 27.63%、27.63%、20.0%、20.27%。在小麦主产区，虽然国家也提高了小麦最低收购价格，但是 2010 年小麦最低收购价格仅比 2009 年增长 3.45%（白小麦）和 3.61%（红麦、混合麦），明显低于玉米价格涨幅。对比集贸市场价格，2010 年玉米集贸市场价格比 2009 年上涨 16.37%，小麦集贸市场价格比 2009 年上涨 8.69%①。

第二阶段，低位波动时期（2011~2013 年）。2011~2013 年中国小麦玉米价格比在 1.0 附近波动，长达 3 年之久。值得关注的是，2011 年连续 6 个月出现小麦玉米价格倒挂现象（小麦价格低于玉米），2012 年出现 8 个月小麦玉米倒挂情况，2013 年小麦玉米价差维持在较小范围。该阶段发

---

① 小麦集贸市场价格数据来源于国家统计局农村社会经济调查司. 中国农产品价格调查年鉴 2016［G］. 北京：中国统计出版社，2016.

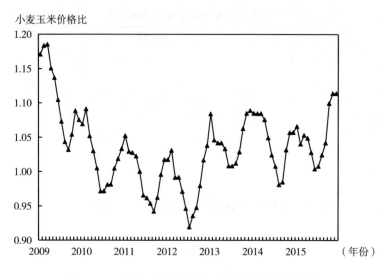

图6-1 2009~2015年中国小麦玉米实际价格比

资料来源：国家统计局农村社会经济调查司．中国农产品价格调查年鉴2016［G］．北京：中国统计出版社，2016。

生价格倒挂现象主要有两个原因：第一，全国小麦供给充足，小麦价格低迷。2011~2013年中国小麦连年丰收，2011年小麦产量11740万吨，2013年增长到12193万吨，年均增幅17.72%。该阶段小麦库存消费比高达40%，全国小麦价格持续低迷。第二，玉米价格上涨缩小了玉米与小麦的价差。2011~2013年中国连续三年上调玉米收储价格，2014年内蒙古、辽宁、吉林、黑龙江玉米收储价格上调至每公斤1.13元、1.13元、1.12元、1.11元，比2011年上涨13.0%、13.0%、13.13%和13.26%。2013年玉米集贸市场价格比2011年上涨16.22%[①]。

第三阶段，理性回归时期（2014~2015年）。2014年8月以后，中国小麦玉米价格比开始逐渐回归到合理比价区间（维持在1.05附近）。市场上小麦玉米价格倒挂现象开始消失，除2014年8月和9月之外，其余月份小麦价格均高于玉米价格。该阶段小麦玉米价格比上升，主要是因为2014年国家不再上调玉米临时收储价格，2014年内蒙古、辽宁、吉林、黑龙江

---

① 小麦产量数据来源于国家统计局网站；小麦库存消费比数据来源于布瑞克农业数据库；玉米临时收储价格数据来源于国家发改委网站。

的玉米收储价格为每公斤 1.13 元、1.13 元、1.12 元、1.11 元，与 2013 年的玉米收储价格保持不变。2015 年 9 月国家将内蒙古、辽宁、吉林、黑龙江的玉米临时收储价格统一下调至每公斤 1 元，降价幅度分别为 11.50%、11.50%、10.71%、9.9%。2015 年玉米集贸市场价格比 2014 年下降 7.07%，小麦集贸市场价格与 2014 年持平。

2. 小麦玉米实际价格比频率划分

根据上文修正后的 Peterson 算法，小麦作为饲料原料替代玉米的理论价格比为 $P_{theory} \leq 1.05$，当小麦玉米实际价格比小于 1.05 时，在饲料行业使用小麦替代玉米能够实现成本节约。参照国家统计局农村社会经济调查司公布的玉米、小麦集贸市场价格数据（月度），本书依据理论价格比临界值（阈值），将 2009~2015 年中国小麦玉米实际价格比做如下划分，如表 6-2 所示。

表 6-2 小麦玉米实际价格比划分

年份	小麦玉米实际价格比 $P_{market} \leq 1.05$		小麦玉米实际价格比 $P_{market} > 1.05$	
	频数	频率（%）	频数	频率（%）
2009	2	16.7	10	83.3
2010	9	75.0	3	25.0
2011	10	83.3	2	16.7
2012	11	91.7	1	8.3
2013	8	66.7	4	33.3
2014	6	50.0	6	50.0
2015	4	33.3	8	66.7

资料来源：国家统计局农村社会经济调查司. 中国农产品价格调查年鉴 2016 [G]. 北京：中国统计出版社，2016. P_{market} 为小麦玉米实际价格比。

从表 6-2 中可以看出，2009 年有 2 个月小麦玉米价格比小于 1.05，占全年 12 月的 16.7%；有 10 个月小麦玉米价格比大于 1.05，占全年 12 月的 83.3%，这意味着 2009 年有 2 个月出现了小麦替代玉米的情况。2010 年以后，出现小麦替代玉米的月份增加，当年有 9 个月小麦玉米价格比小于 1.05，占全年 12 月的 75.0%；只有 3 个月小麦玉米价格比大于 1.05，仅占全年 12 月的 25%。值得注意的是，2011 年、2012 年出现

10 个月和 11 个月小麦玉米价格比低于 1.05 的情况，分别占全年 12 月的 83.3% 和 91.7%（意味着几乎全年出现小麦替代玉米的情况），2011 年和 2012 年处于玉米临时收储时期，是出现小麦替代玉米月份最多的两年。2013 年起，小麦玉米价格比小于 1.05 的月份开始减少，2013 年、2014 年、2015 年分别为 8 次、6 次和 4 次，分别占全年 12 月的 66.7%、50.0% 和 33.3%。

6.2.3 小麦玉米价格比偏离与小麦饲料用消费量变动

一般而言，小麦玉米实际价格比在 1.05 ~ 1.20 的区间波动。2000 ~ 2008 年有 82 个月小麦玉米实际价格比在上述区间内波动，占全部月份（108 个月）的 75.93%。2009 ~ 2015 年共有 50 个月，小麦玉米实际价格比低于 1.05。本书将小麦玉米实际价格比低于 1.05 的情况，称为小麦玉米价格比偏离。正是由于小麦玉米价格比偏离，才会出现小麦作为饲料原料替代玉米的情况。2009 ~ 2015 年，中国小麦饲用消费量呈现倒 "U" 型变动趋势。2009 ~ 2015 年，中国小麦饲用消费处于稳步增长阶段。2009 年小麦饲用消费量为 1000 万吨（见图 6 - 2），2012 年增长到 2500 万吨，增长幅度高达 150%。2013 ~ 2015 年，中国小麦饲用消费呈逐步减少趋势。

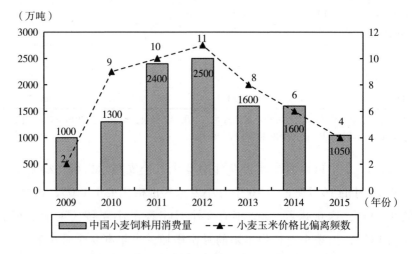

图 6 - 2　小麦玉米价格比偏离与中国小麦饲用消费量

资料来源：中国小麦饲料用消费量来源于美国农业部网站。

2013 年小麦饲用消费量为 1600 万吨，2015 年减少到 1050 万吨，降幅达到 34.38%。

通过对比小麦玉米价格比偏离数据和中国小麦饲用消费量变动数据发现，小麦玉米价格偏离频数与中国小麦饲用消费量呈正相关关系。

2009 年出现两次小麦玉米价格比偏离，小麦饲用消费量为 1000 万吨。2010 年出现 9 次小麦玉米价格比偏离，小麦饲用消费量增加到 1300 万吨，比上年增长 30%。2011 年出现 10 次小麦玉米价格比偏离，小麦饲用消费量达到 2400 万吨，比 2010 年增长 84.62%。2012 年出现 11 次小麦玉米价格比偏离，当年小麦饲用消费量达到 2500 万吨，比 2011 年增长 4.17%[①]。

值得注意的是，随着小麦玉米价格比偏离次数减少，小麦饲用消费量也在下降。2013 年小麦玉米价格比偏离次数减少到 8 次，小麦饲用消费量下降到 1600 万吨，与 2012 年相比降幅高达 36.0%。2015 年小麦玉米价格比偏离次数降到 4 次，小麦饲用消费量减少到 1050 万吨（下降至 2009 年的消费量水平），与 2014 年相比降幅达到 34.38%[②]。

上述数据分析表明，小麦玉米价格比偏离次数越多，小麦作为饲料原料对玉米的替代量就越大。小麦玉米价格比偏离次数减少，小麦作为饲料原料对玉米的替代量就越少。

6.3 小麦替代玉米估算方法及替代量测算

上述分析表明：2009 ~ 2015 年，大量小麦作为饲料原料替代玉米，导致国内玉米无法进入消费领域，造成国内玉米供给过剩。研究小麦与玉米的替代关系，需要弄清 2009 ~ 2015 年小麦到底替代了多少玉米？这个问题对于理解国内消费替代与玉米供给过剩具有现实意义。实际上，国内学者对"小麦到底替代了多少玉米"的问题已有讨论。王玲（2004）认为，2011 年和 2012 年中国出现了小麦大规模替代玉米的情况。据测算 2011 年

---

①② 资料来源：小麦玉米价格比偏离次数是根据阈值计算得到。中国小麦饲用消费量来源于美国农业部网站。

有 2500 万吨，2012 年约为 1500 万~2000 万吨[①]。赵卓（2012）认为，2010 年小麦替代了 1200 万吨玉米，2011 年和 2012 年替代量分别达到 1800 万吨和 2000 万吨[②]。陈盼等（2013）估算，2012 年小麦对玉米的最大替代量约为 2000 万~2100 万吨[③]。

以上学者测算小麦对玉米的替代量，多数均基于小麦玉米价差（或者价格比）主观推测，并未使用严谨的估算方法，因此难免出现偏误。本书基于"营养目标及成本节约"的测算思路，在满足动物营养需要前提下，选取测算成本最低时的替代比例，在此基础上估算小麦对玉米的替代量。

6.3.1 基于"营养目标及成本节约"的测算思路

"营养目标及成本节约"测算思路是指参考各种饲料原料的市场价格，在饲料配方中通过逐步调整小麦替代玉米的比例，模拟出最优替代比例，小麦在最优比例水平上替代玉米既能满足动物的营养和能值需求，又能实现饲料配方成本最低。主要测算步骤：第一，确定饲养标准和饲料原料类型。本书以育肥猪为标准，选取玉米、豆粕、小麦、米糠、米糠粕、小麦麸、玉米胚芽粕为饲料原料。第二，逐步提高小麦在饲料配方中的添加比。第三，选出成本最低条件下的替代比例，作为估算小麦替代玉米数量的依据。

本书共设计了六组饲料配方（Ⅰ~Ⅵ），配方中备选的饲料原料全部相同（只是各种饲料原料添加比例不同）。Ⅰ~Ⅳ组饲料配方中，小麦添加比例从 0~56.7% 依次增加，玉米添加比从 56.7%~0 依次递减。六组饲料配方的小麦、玉米添加比例分别为：第Ⅰ组（0，56.7%）、第Ⅱ组（11.34%，45.36%）、第Ⅲ（22.68%，34.02%）、第Ⅳ组（34.02%，22.68%）、第Ⅴ组（45.36%，11.34%）、第Ⅵ组（56.7%，0）。通过饲料配方软件（饲料配方大师，feed formula model）模拟，最后选择第Ⅴ组

① 王玲. 中国小麦消费结构分析及深加工发展展望 [J]. 农业展望, 2014, 10 (11): 75 - 79.
② 赵卓. 从保供给视角看小麦玉米价格"倒挂"现象 [J]. 中国农业信息, 2013 (2): 3 - 4, 8.
③ 陈盼, 王倩. 2013 年玉米小麦供需分析及替代研究 [J]. 饲料广角, 2013 (13): 18 - 21.

小麦、玉米添加比例组合（45.36%，11.34%）。因为在确保营养目标前提下，第Ⅴ组饲料配方成本为每吨2911.34元（见附录11），是六组中饲料成本最低的方案。因此，本书选择45%的替代比例，测算2009～2015年小麦对玉米的替代量。

6.3.2 小麦对玉米的替代量测算

使用小麦玉米价格比偏离月份的饲料产量（主要是猪饲料）、玉米添加比例以及小麦在饲料配方中替代玉米的最优比例进行测算。例如，2011年2～11月，小麦玉米实际价格比均小于1.05，意味着有10个月出现小麦替代玉米的情况。计算2～11月饲料总产量5691万吨，按照60%的玉米添加比例[①]，折算猪饲料中玉米使用量3415万吨（5691万吨×60% = 3415万吨），最后按照45%的比例（饲料配方中模拟的最优比例），估算小麦对玉米的替代量为1537万吨（3415万吨×45% = 1537万吨）。

2009～2015年，小麦作为饲料原料替代玉米的数量呈现倒"U"型变动轨迹。2009～2012年，小麦替代玉米的数量出现迅猛增长，年均增长率达到100.8%（见表6-3）。2009年出现小麦小规模替代玉米的情况，替代量为236万吨。2010年突破1000万吨，达到1116万吨，比上年增长372.9%。2011年增加到1537万吨，比2010年增长37.72%。2012年达到最高替代水平1911万吨，比2011年增长24.33%。2013～2015年，中国小麦替代玉米的数量出现下降，2013年为1135万吨，2015年下降到697万吨，年均降幅为21.5%[②]。

表6-3　　　　　　　　　小麦对玉米的替代量估算

年份	小麦与玉米价格比偏离月份	偏离月份饲料总产量（万吨）	玉米使用量（万吨）	小麦替代玉米比例（%）	小麦替代玉米总量（万吨）
2009	8～9月	874	524	45	236
2010	4～12月	4135	2481	45	1116

---

① 根据调研情况，目前饲料配方中玉米添加比约为60%。

② 小麦对玉米的替代量数据来自测算。

续表

年份	小麦与玉米价格比偏离月份	偏离月份饲料总产量（万吨）	玉米使用量（万吨）	小麦替代玉米比例（%）	小麦替代玉米总量（万吨）
2011	2～11月	5691	3415	45	1537
2012	2～12月	7077	4246	45	1911
2013	2～9月	4205	2523	45	1135
2014	5～10月	3589	2153	45	969
2015	4～7月	2581	1549	45	697

注：表中仅测算了猪饲料中小麦对玉米的替代量，因为猪饲料占比最大，本书不考虑蛋禽饲料、肉禽饲料、反刍饲料中小麦对玉米的替代。

资料来源：布瑞克数据库。

2009年小麦对玉米的替代量占玉米库存增量的6.50%[1]，2010～2015年小麦对玉米替代量占玉米库存增量的10%～30%。这意味着如果没有出现小麦替代玉米的情况，有10%～30%的增量库存玉米会被消费在饲料行业。小麦在饲料行业对玉米形成的消费替代，增加了国内玉米库存量，带来了玉米过剩压力。

6.4 小麦玉米价格比与替代量的实证分析

6.4.1 小麦玉米价格比与替代量变化

上文测算得到2009～2015年出现替代情况下所有月份的替代量（月度数据）。对比小麦替代玉米数量与小麦玉米价格比数据，发现两者之间存在反向变动关系。

小麦玉米价格比越高，小麦替代玉米数量越少。小麦玉米价格比越低，小麦替代玉米数量越多。图示法中（见图6-3）小麦玉米价格比变动与替代量变动具有明显的反向趋势，小麦玉米价格比"低值"恰好对应替代量"高值"，小麦玉米价格比"高值"恰好对应替代量"低值"。除此

---

[1] 玉米库存数据来源于布瑞克数据库。

之外，在某阈值邻域内（大于阈值或者小于阈值），小麦玉米价格比变化对替代量变动的影响具有显著性差异。例如，在 $1 \leqslant P_{market} \leqslant 1.05$ 和 $0.90 < P_{market} < 1$ 两个区间，小麦玉米价格比等量变化引起替代变动量明显不同。

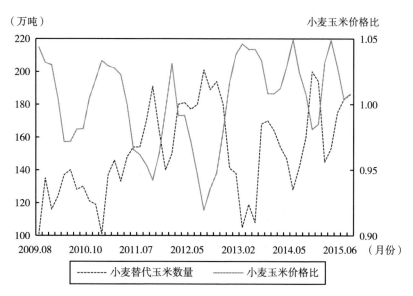

图6-3　小麦玉米价格比与替代量的关系

资料来源：小麦玉米价格比数据根据国家统计局农村社会经济调查司公布的数据计算得到，小麦替代玉米数量的月度数据根据相关数据测算得到。

6.4.2　分析框架

假设饲料企业在决定是否使用小麦替代玉米时，考虑的核心因素是小麦玉米价格比（即只考虑经济因素，不考虑政策、物流以及原料可得性以及饲料配方调整成本）。结合图6-3中小麦玉米价格比与替代量呈现出的数据变动关系，本书提出并检验两个假设。

H_{6-1}：小麦玉米价格比与小麦替代玉米数量呈反向变动关系。

H_{6-2}：小麦玉米价格比与小麦替代玉米数量之间存在阈值效应。

6.4.3　数据说明

实证分析采用月度数据，时间范围 2009～2015 年，样本容量为 50，主要选取小麦玉米价格比小于 1.05 的样本数据，其中 2009 年 2 个（8～9月），2010 年 9 个（4～12 月），2011 年 10 个（2～11 月），2012 年 11 个（2～12 月），2013 年 8 个（2～9 月），2014 年 6 个（5～10 月），2015 年 4个（4～7 月）。小麦、玉米集贸市场价格数据（月度）来源于国家统计局，小麦玉米价格比由小麦、玉米集贸市场价格数据计算得到。为了便于阐述实证结果，将模型的数据单位做如下调整：以 0.01 表示小麦玉米价格比的基本单位（即 1 个基本单位表示小麦玉米价格比 0.01），小麦对玉米替代量数据（月度）来源于前文的估算数据，单位为万吨。

6.4.4 模型的构建与估计

1. 模型选择依据

实际上，多数情况下变量之间并非单纯的线性关系，而是表现出非线性特征。如果采用经典单方程模型来模拟存在非线性关系的变量，参数估计值会出现较大偏误。随着计量经济理论的发展，阈值理论成为研究热点之一。阈值自回归法（threshold autoregression，TAR）最先由汤家豪（Tong，1983）提出，核心思想是：将全样本分段，然后分别对每个区段进行线性模拟，模型中区段划分由阈值（threshold value）决定。根据上文研究假设以及图 6-3 中的数据特征，本书使用"阈值—协整—误差修正模型"（threshold-cointegration-error correction model，TCECM）来刻画小麦玉米价格比与替代量之间的关系。

2. 模型设定与估计方法

小麦玉米价格比与小麦玉米替代量之间的关系如下：

$$\text{Substitutiont} = \begin{cases} \varphi_1 + \varphi_2 \text{Priceratio}_t + \varepsilon_{1t}; & \text{Priceratio}_t \leqslant \text{Priceratio}_T \\ \gamma_1 + \gamma_2 \text{Priceratio}_t + \varepsilon_{2t}; & \text{Priceratio}_t > \text{Priceratio}_T \end{cases} \quad (6-7)$$

式（6-7）中，Substitutiont 表示小麦替代玉米的数量，Priceratio$_t$ 表示小麦玉米价格比，Priceratio$_T$ 表示区段划分阈值，Priceratio$_T \in [0.9, 1.05]$（Priceratio$_T$ 区间临界值由小麦玉米实际价格比最大、最小值决定），φ_1、

φ_2、ε_{1t} 为第一区段模型的常数项、变量系数和随机误差项，γ_1、γ_2、ε_{2t} 为第二区段模型的常数项、变量系数和随机误差项。

如果因变量 Substitutiont 和自变量 Priceratiot 均为 "n 阶单整序列"，即 (Substitutiont，Priceratiot) $\sim$ I(n)，且 $\varepsilon_{it} \sim$ I(0)，i = 1,2，则模型 6 – 7 中因变量与自变量之间存在长期均衡关系。此时，偏离长期均衡下的短期波动可以表示为误差修正项 ECMt，数学表达式由式（6 – 8）给出：

$$ECM_t = \begin{cases} \Delta Substitution_t = \alpha_0 + \alpha_1 \varepsilon_{t-1} + \sum_{i=1}^{n} \varphi_i \Delta Priceratio_{t-i} + \sum_{i=1}^{n} \varphi_i \Delta Substitution_{t-i} \\ \Delta Priceratio_t = \beta_0 + \beta_1 \varepsilon_{t-1} + \sum_{i=1}^{n} \gamma_i \Delta Priceratio_{t-i} + \sum_{i=1}^{n} \gamma_i \Delta Substitutiont_{t-i} \end{cases}$$

$$(6-8)$$

经序列平稳检验，$Substitution_t$、$Priceratio_t$ 均属于 I(1) 过程。如果模型中存在阈值效应，传统估计方法（OLS 估计法）难以获得变量系数的有效估计[1]。因此，本书采用格子搜索法（Hanson，2000），获取系数估计值和第一区段、第二区段临界值（阈值）。格子搜索法核心思想是：划定变量系数和残差的可能取值范围，在给定区间内进行小区间划分，通过逐步缩小区间和模拟，搜寻出使得模型 6 – 7 残差平方和最小情况下的 $(\varphi_1^*, \varphi_2^*)$、$(\gamma_1^*, \gamma_2^*)$ 以及 $Priceratio_T^*$ 值。主要模拟步骤如下：首先对模型 6 – 7 进行线性估计，得到 (φ_1, φ_2)、(γ_1, γ_2) 估计值，以 95% 的置信区间 (A_L, A_H) 作为 (φ_1, φ_2)、(γ_1, γ_2) 的搜索区间。然后，将 $Priceratio_T$ 值按升序排列，去掉前后 15% 的值，组建 $Priceratio_T$ 值搜索区间 (B_L, B_H)。最后，在 (A_L, A_H)、(B_L, B_H) 上进行小区间划分，并对模型 6 – 7 分区段逐一估计，选定使得残差平方和最小的 $(\varphi_1^*, \varphi_2^*)$、$(\gamma_1^*, \gamma_2^*)$ 和 $Priceratio_T^*$ 值。

3. 模型结果与经济学解释

模型 6 – 7 残差检验结果显示 $\varepsilon_{it} \sim$ I(0)，表明小麦替代玉米数量与小

---

① Enders W.，Siklos P. L. Cointegration and Threshold Adjustment [J]. Journal of Business and Economic Statistics，2001，19（2）：166 – 176.

麦玉米价格比存在长期均衡关系。本书选用 Sup-LR 统计量、Ave-LR 统计量以及 Exp-LR 统计量来检验模型 6-7 的阈值效应（原假设 $\varphi_2 = \gamma_2$，即模型 6-7 中无阈值效应），上述三个检验统计量 F 值分别为 104.83、48.72、32.25，拒绝原假设，表明小麦替代玉米数量与小麦玉米价格比存在门槛效应，通过模拟确定阈值为 $Priceratio_t = 0.96$。由此，H_{6-2} 得到证实。

从拟合效果看，第一区段 $R_1^2 = 0.935$，第二区段 $R_2^2 = 0.917$（见表 6-4），表明模型拟合效果较好。第一区段，小麦玉米价格比在 1% 的水平上显著，表明小麦玉米价格比对小麦替代玉米数量有显著影响，表现为小麦玉米价格比与小麦替代玉米数量呈反向变动关系（系数估计值为负），当小麦玉米价格比下降 1 个单位（0.01），小麦替代玉米数量将增加 14.98 万吨（月度）。第二区段，小麦玉米价格比在 5% 的水平上显著，表明小麦玉米价格比对小麦替代玉米数量有显著影响，表现为小麦玉米价格比与小麦替代玉米数量呈反向变动关系（系数估计值为负），当小麦玉米价格比下降 1 个单位（0.01），小麦替代玉米数量将增加 10.04 万吨（月度）。由此 H_{6-1} 得到证实，两个区段等量价格比变化引起的替代量变动存在较大差异。

表 6-4　　　　小麦玉米价格比与小麦玉米替代量的阈值回归结果

变量	第一区段（$0.90 \leqslant Priceratio_t \leqslant 0.96$）		第二区段（$0.96 < Priceratio_t \leqslant 1.05$）	
φ_1	1628 * (3.84)	—	—	—
φ_2	—	− 14.98 *** (1.76)	—	—
γ_1	—	—	1152 * (0.97)	—
γ_2	—	—	—	− 10.04 ** (1.13)
R^2	$R_1^2 = 0.935$		$R_2^2 = 0.917$	

注：***、**、* 分别表示在 1%、5%、10% 水平上显著，括号中数字为标准误。

小麦玉米价格比与小麦替代玉米数量的动态调整关系，由模型 6-8 估计得出。从表 6 - 5 可以看出：第一区段（小麦玉米价格比低位区间），小麦玉米价格比偏离长期均衡时，将以 0.876 个单位向均衡点调整。小麦替代玉米数量偏离长期均衡时，将以 0.3845 个单位向均衡点趋近。第二区段（小麦玉米价格比高位区间），小麦玉米价格比偏离长期均衡时，将以 1.541 个单位向均衡点调整。小麦替代玉米数量偏离长期均衡时，将以 1.903 个单位向均衡点趋近。

表 6 - 5　　　　　　　　　　　误差修正模型回归结果

变量	第一区段（$0.90 \leq Priceratio_t \leq 0.96$）		第二区段（$0.96 < Priceratio_t \leq 1.05$）	
	$\Delta Substitution_t$	$\Delta Priceratio_t$	$\Delta Substitution_t$	$\Delta Priceratio_t$
ε_{t-1}	0.3845	0.876	1.903	1.514
$\Delta Substitution_{t-1}$	0.914	0.779	1.246	0.989
$\Delta Priceratio_{t-1}$	0.755	0.823	1.814	1.138
C	2.092	1.865	0.987	1.572

注：表中仅给出滞后 1 期的估计结果。

综上所述，小麦玉米价格比高位区间（$0.96 < Priceratio_t \leq 1.05$），小麦价格比偏离长期均衡点时，价格机制能够很快发挥作用影响小麦玉米价格比，从而影响小麦替代玉米的数量。小麦玉米价格比低位区间（$0.90 < Priceratio_t \leq 0.96$），小麦玉米价格比偏离长期均衡点时，价格机制发挥作用缓慢，市场自我调节机制面临障碍。上述结论意味着，当小麦玉米价格比处于 0.96 ~ 1.05 时，如果出现小麦大规模替代玉米，这种状态会被价格机制调整。当小麦玉米价格比处于 0.90 ~ 0.96 时，如果出现小麦大规模替代玉米，这种状态短期内无法调整。此时需要国家进行价格干预，促使小麦玉米价格比回归合理区间。

6.4.5　玉米市场价格下跌后的新情况

上文已经证实小麦玉米价格比下降与替代量增加之间的反向关系，下文将论述 2016 年小麦玉米价格比上升，导致小麦替代玉米数量减少的情况。

2015 年 9 月，玉米临时收储价格调整后，玉米市场价格出现持续下跌。2016 年 1 月玉米集贸市场价格为每公斤 2.19 元，2016 年 12 月下降到每公斤 2.0 元，降幅达到 8.68%。2016 年 1 月小麦集贸市场价格为每公斤 2.45 元，2016 年 12 月为每公斤 2.48 元，价格增幅仅为 1.22%。小麦价格大体稳定，玉米价格持续下降，导致小麦玉米价格比上升。2016 年，小麦玉米价格比只有 3 月、4 月低于 1.05，其余月份均在 1.06～1.21 波动（见图 6 - 4）。

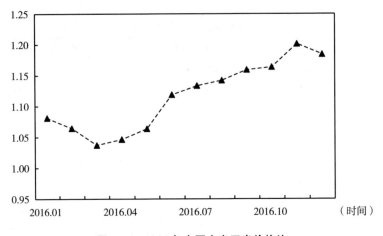

图 6 - 4　2016 年中国小麦玉米价格比

资料来源：图 6 - 4 是根据《中国农产品价格调查年鉴》相关数据绘制。国家统计局农村社会经济调查司. 中国农产品价格调查年鉴 2016 ［G］. 北京：中国统计出版社，2016.

小麦玉米价格比上升，引起小麦替代玉米数量减少。如果以小麦替代玉米的理论价格比 1.05 为标准，2016 年全年只有 3 月、4 月出现小麦替代玉米的情况，按照当年饲料产量估算，2016 年 3 月、4 月小麦替代玉米的总量低于 250 万吨，少于 2009～2015 年任何一年的同期水平。另外，2016 年玉米饲用消费量增长，也能从侧面证实小麦替代玉米数量的减少。2016 年玉米饲用消费量比 2015 年增长 780 万吨，增长幅度为 6.38%。

6.5　本章小结

本章主要论证了国内消费替代与玉米供给过剩之间的关系。首先，分析了小麦作为饲料原料替代玉米的条件及可行性，构建了修正后的 Peterson 算法，计算小麦替代玉米的理论价格比。然后，基于营养目标和成本节约测算思路估算了小麦对玉米的替代数量。采用阈值自回归方法实证分析了小麦替代玉米数量与小麦玉米价格比之间的关系。最后，使用玉米价格下跌后的新数据进一步证实了两者之间的关系。

2009 ~ 2015 年，小麦作为饲料原料替代大量玉米是导致国内玉米供给过剩的重要原因。经测算，2009 ~ 2015 年小麦替代玉米的总量为 7601 万吨（其中 2011 年和 2012 年替代量最大，年均替代量高达 1267 万吨）。如果不存在替代现象，将有 10% ~ 30% 的增量库存玉米被消费在饲料行业。小麦玉米价格比变化（变小）是引起上述替代现象的根本原因。玉米临时收储价格上涨，打破了小麦与玉米原有的均衡价格比，饲料企业提高小麦添加比例，减少玉米使用量。小麦玉米价格比与小麦替代玉米数量呈反向变动关系。小麦玉米价格比下降会引起小麦替代玉米数量增加；同理，小麦玉米价格比上升会带来小麦替代玉米数量减少。在不考虑其他因素情况下（政策因素、物流因素），小麦价格比是影响小麦替代玉米数量的关键因素。

小麦玉米价格比与小麦替代玉米数量存在长期均衡关系，同时两者之间还存在阈值效应（阈值为 0.96），即在阈值两侧小麦玉米价格比等量变化引起的替代增量存在显著差异。在第一区段（$0.90 \leqslant Priceratio_t \leqslant 0.96$），小麦玉米价格比下降 1 个单位（0.01），小麦替代玉米的数量将增加 14.98 万吨（月度）。在第二区段（$0.96 < Priceratio_t \leqslant 1.05$），小麦玉米价格比下降 1 个单位（0.01），小麦替代玉米的数量将增加 10.04 万吨（月度）。市场上出现较低小麦玉米价格比（例如价格低于 1.05），饲料行业中将会出现小麦替代玉米的现象。如果连续数月小麦玉米价格比低于 1.05，或者小麦玉米价格比长期位于 0.90 ~ 0.96，将有大量小麦作为饲料原料替代玉米。上述情况一旦发生，就会改变饲料原料供给格局。

第7章

中国玉米供给过剩的调控政策

短期看中国玉米供给严重过剩，长期看中国玉米供给不足。因此，中国玉米调控政策的方向是短期去库存、长期保供给。无论是执行短期的"去库存"措施还是制定长期的"保供给"政策，关键在于改革玉米价格机制，形成合理的玉米价格调控体系，兼顾短期和长期目标。玉米临时收储价格不断上涨引发的"三重替代"效应具有很强的政策启示，意味着解决中国现阶段玉米供给过剩问题，需要平衡好三方面的价格关系。第一，玉米与玉米替代作物之间的价格比关系。第二，玉米与玉米替代品之间的价格红利关系。第三，玉米与国内小麦之间的价格比关系。除此之外，在玉米高库存背景下，政府强制性干预政策尤为必要，主要包括对玉米生产政策、玉米深加工政策、玉米替代品进口政策以及玉米和小麦消费政策的调整和重构。

7.1 改革玉米临时收储政策，实现市场化玉米价格

（1）改革玉米临时收储政策。玉米临时收储政策在保护农民种粮收益、保障国家粮食安全以及解决"卖粮难"问题方面曾发挥过重要的作

用。然而随着国内外粮食供求形势以及粮食价格的变化,其弊端开始逐渐显现出来,主要表现在以下三方面:第一,生产者形成了玉米价格刚性上涨预期,导致国内玉米盲目生产以及产量过快增长。第二,国内外粮食价差拉大,玉米替代品大量进口冲击国内玉米市场。第三,形成过量玉米库存,国家财政负担重。如果继续执行玉米临时收储政策,国家不放弃敞开收购玉米,生产者就无法摆脱对托市制度的依赖,玉米种植结构调整就无从谈起,玉米过度生产行为也无法终止,国内玉米供给过剩问题也难以解决。因此,玉米临时收储政策改革势在必行,主要调整思路是引入市场化收购政策,减少国家对玉米收购市场的干预。国家不再敞开收购农民手中余粮,鼓励市场化组织(非国营粮商、粮食企业、个体经营户等)入市收购市场多余玉米,在财政、税收、信贷方面给予市场化收购主体政策优惠。国有粮食企业需要发挥好引领带头作用,完成指派或者限额收购义务,在特殊情况下按要求入市收购农民余粮,防止出现农民卖粮难问题。

(2)推进玉米价格市场化改革,打破原有的"政策市"玉米价格形成机制,发挥市场在资源配置中的决定作用,逐步实现市场化玉米价格。玉米临时收储政策实施后,由国家制定玉米临时收储价格,这就在"市场市"价格之外形成了政府干预价格,玉米临时收储价格逐步成为国内玉米的基准价格和主导价格。玉米临时收储价格实际上破坏了价格机制的调节作用,特别是在国际粮价平稳或者下跌背景下,玉米临时收储价格上涨,造成国内玉米生产和消费领域资源配置不合理(国内玉米过度生产和玉米替代品冲击国内市场)。因此,玉米价格改革的方向是恢复市场价格机制的调节作用,需要政府从玉米定价角色中退出,由玉米供求关系决定玉米市场价格。只有顺畅的国内玉米价格机制,才能充分利用国内外两个市场、两种资源。

(3)实行玉米补贴政策。玉米临时收储价格不断上涨,已经偏离了国际市场价格,同时也偏离了"玉米价值决定的真实价格"。如果放弃玉米临时收储价格,改为市场化定价,势必引发国内玉米价格持续、大幅下跌,玉米降价将抵消农民种植收益,甚至造成农民亏损。因此,在推行玉米市场化定价过程中,必须对生产者实施补贴,以防止玉米降价给农民带来的损失,同时生产补贴政策也是保障玉米有效供给的必要之举。需要注意的是，调整玉米补贴方式，改变玉米临时收储时期"价补合一"的补贴模式，实行"价补分离"的政策，将补贴从玉米价格支持中剥离出来，直接补贴到生产者手中，这样才能真正弥补降价给农民带来的损失。

7.2 调控农产品比价关系，引导农产品种植结构调整

农产品比价关系失衡是导致中国玉米供给过剩的重要原因之一。长期以来农产品内部之间形成了稳定的比价关系，正是这种均衡的比价关系决定了农产品种植结构。任何一种农产品价格的改变都将影响到原有的价格比关系，从而导致农产品种植结构发生变化。因此在引导农产品种植结构调整时，需要建立以农产品比价为核心的系列定价机制和价格调控政策。

（1）在利用价格政策调节农产品种植结构时，不能单纯降低或者提高某类农产品价格，单纯的价格刺激政策将引发农产品内部生产结构失衡，造成一些品种产量过多而另一些品种产量过少。单纯的价格调整政策不仅会破坏各品种之间的供求平衡，还会影响整个农产品供给系统的总量平衡。因此需要建立以农产品比价为核心的系列定价机制，以保持各种农产品内部之间的合理价格比关系，以实现各品种之间的生产及消费平衡。在玉米去库存背景下，国家有意使得玉米与玉米替代作物价格比失衡，有利于遏制农户的过度生产行为、减少国内玉米供给、加快玉米去库存速度。但是，不能采用大幅下调玉米价格的方式，因为玉米去库存速度过快将影响下一个阶段的玉米供求关系，容易导致玉米短缺。改革开放以来，每次粮食价格下跌都引发粮食产量的持续下降，特别是1998年的粮价下调造成连续5年粮食减产，历史经验值得借鉴。因此，玉米降价政策只能作为去库存的急救措施，只能短期实施。如果长期执行势必影响农民生产积极性，带来玉米产量的剧烈波动，威胁到国家粮食安全。

（2）玉米大豆价格比、玉米小麦价格比、玉米棉花价格比、玉米油菜价格比、玉米花生价格比同玉米播种面积呈正向变动关系；玉米大豆价格比、玉米小麦价格比、玉米棉花价格比、玉米油菜价格比、玉米花生价格比同大豆、小麦、棉花、油菜、花生播种面积呈反向变动关系。这种联动

关系意味着如果玉米价格上涨，将引发玉米与玉米替代作物价格比改变，从而导致玉米播种面积增加，玉米替代作物播种面积减少。因此，在利用价格比关系引导农业种植结构调整时，需要注意到这种联动变化关系，通过合理测算"价格比—播种面积"变动系数，预估价格调整幅度以及价格调整政策带来的影响。在当前玉米去库存背景下，更需要以"价格比—播种面积"变动系数为依据，动态关注玉米、大豆、小麦、棉花、油菜、花生播种面积变动情况，适时上调或者下调玉米价格。

（3）探索农产品合理价格区间。农产品合理价格区间，既能保障各品种的种植结构平衡，也能保障农民生产各个品种获得合理的收益。因此，测算农产品之间的合理价格区间，是精准调控农产品产量的前提。需要根据历史情况和现实需要（确保农民收益、稳定市场价格、保障粮食安全），测算农产品之间均衡价格比，保障农民在各品种上不存在非均衡的种植收益。需要指出的是，应该重点关注存在竞争关系（在土地、劳动力、资金等生产要素方面存在竞争关系）的农产品之间的价格比关系。因为不合理的价格政策，极易引起某些农产品供给不足而另一些农产品供给过剩。

（4）构建"粮食＋经济作物＋青饲料＋牧草"多元化种植结构。随着食品消费结构的升级，中国居民对肉蛋奶的需求不断增加，中国保障粮食安全的重点正逐步从口粮转向饲料粮。在玉米去库存背景下，应该利用玉米供给充足的时机，把握好种植结构的重新布局，从"粮食＋经济作物"的传统种植结构转向"粮食＋经济作物＋青饲料＋牧草"的多元种植结构。具体而言，在合适的区域（比如镰刀湾地区）适当减少玉米播种面积，相应地增加经济作物的种植。在北方牧区采用"粮改饲"的调整思路，减少玉米播种面积，增加青饲料和牧草的种植。这样既有利于玉米去库存，又能合理利用资源，带动北方畜牧业的发展。

7.3 利用玉米价格政策，调控玉米替代品进口量

玉米替代品大量进口是导致中国玉米供给过剩的又一重要原因，因此解决中国玉米供给过剩问题，必须堵住玉米替代品进口。要充分利用国际

市场的调节能力，根据国内玉米供求关系的动态变化、玉米替代品的价格红利，适时调整国内玉米价格，控制玉米替代品进口数量。在符合 WTO 框架下利用玉米和玉米替代品的关税政策、配额制度、进口检验检疫措施，减轻国外玉米及玉米替代品对国内玉米消费市场的冲击。

（1）玉米去库存需要挡住玉米替代品进口。减少玉米替代品对国内玉米消费市场的冲击可以从两方面制定政策：第一，缩小国内外粮食价差。第二，启用关税、配额制度、进口检验检疫措施。现阶段如果实现市场化玉米定价，就能实现缩小国内外粮食价差的目标。除此之外，缩小国内外粮食价差还可以从节约生产成本入手，劳动力成本和土地租金占中国粮食生产总成本的比重最高，鼓励和支持农业机械化，能够有效降低粮食生产成本。需要注意的是，缩小国内外粮食价差，与国际粮价接轨后，需要对生产者进行补贴，避免玉米产量大起大落。同时，应该在符合 WTO 框架下适时启用关税、配额制度、进口检验检疫措施。截至 2010 年，中国关税总水平由 2001 年的 15.3% 降至 9.8%。农产品平均税率由 23.2% 降至 15.2%，约为世界农产品平均关税水平的 1/4，远低于发展中成员 56% 和发达成员 39% 的平均关税水平。农产品的最高约束关税为 65%，而美国、欧盟、日本分别为 440%、408%、1706%[1]，农产品关税还有隐性的调控空间。要利用好农产品进口配额制度，严格进口配额制度的申领条件。对于不受进口配额限制的高粱、大麦、DDGS、木薯，需要启用进口检验检疫措施，严格监控含有转基因成分的玉米替代品。

（2）饲料企业在决定是否进口玉米替代品时，考虑的关键因素是玉米替代品的价格红利（成本节约），因此在利用玉米价格政策调控玉米替代品进口量时，需要参考的依据是玉米替代品的价格红利，而不是单纯的国内外价差。不能单独盯住玉米价格，简单上调或者下调玉米价格，而是要以玉米替代品的价格红利为标准，测算玉米价格的调整幅度。在玉米替代品价格红利较高时，适度下调玉米价格，以维持国内玉米消费和玉米替代品进口的平衡。在国内玉米供给紧张时，适当调高玉米价格，增加玉米替代品价格红利，引导玉米替代品进口以填补国内玉米缺口。需要注意的

---

① 中华人民共和国国务院新闻办公室. 中国与世界贸易组织 [M]. 北京：人民出版社，2018.

是，在利用国际市场时要有度、有利、有节，警惕中国从"适度进口"转变为"过度进口"。

（3）随着技术进步，高粱、大麦、DDGS、木薯等成为国内饲料粮的常态补充，然而这些品种国内供给能力不足，主要依靠国外进口（高粱主要依赖美国和澳大利亚，大麦主要依赖澳大利亚、加拿大和欧盟、乌克兰和阿根廷，DDGS全部依赖美国，木薯主要依赖泰国、越南、印度尼西亚、尼日利亚）。中国非常规饲料原料来源地过于集中，暴露出较高的粮食进口风险，因此中国需要实施农业"走出去"战略，与相关国家展开国际合作，分散粮食供给风险，稳固粮食供应链。国内在削减玉米播种面积时，还应该相应增加高粱、大麦等杂粮的种植面积，鼓励杂粮主产区（内蒙古、黑龙江、江苏、四川、甘肃、山西、云南）进行产业化、专业化种植，同时采取紧急措施（如最低收购价格、产业规划以及种植补贴等政策）扶持高粱、大麦产业的发展，提高国内杂粮的供给能力，减少对国际市场的过度依赖。当国内饲料粮出现短缺时，上调玉米价格提高高粱和大麦的价格红利，增加高粱、大麦的进口量，弥补国内饲料粮缺口。当国内饲料粮供给充足时，下调玉米价格降低高粱和大麦的价格红利，减少高粱、大麦等玉米替代品进口量，保障国内饲料粮安全。

7.4　利用玉米小麦价格比，调控玉米小麦饲用消费量

小麦作为中国重要的口粮，保障小麦的有效供给至关重要。随着饲料加工技术，特别是酶制剂技术的发展，小麦作为饲料原料替代国内玉米已不存在技术障碍。玉米临时收储时期，小麦作为饲料原料大量替代国内玉米，是玉米供给过剩的重要原因之一。在玉米供给过剩背景下，利用合理的玉米小麦价格比，调控小麦饲用消费量，防止过多小麦进入饲料行业替代国内玉米，既有利于保障中国口粮安全，也有利于加快玉米去库存。

（1）如果小麦玉米价格比太低，小麦和玉米生产结构以及消费结构就会发生改变。在生产领域，农民将种植更多玉米，减少小麦播种面积，这种替代种植行为将引起小麦产量的大幅度波动，增加保障国家粮食安全的

难度。在消费领域，一旦出现大规模替代，小麦和玉米消费格局将改变，导致玉米需求锐减以及小麦需求大起大落，并带来小麦和玉米市场价格的剧烈波动，从而影响玉米和小麦的供求平衡关系。因此，保持国内小麦和玉米合适的价格比关系，是解决玉米供给过剩的重要举措。在小麦玉米价格比较低时，适当提高小麦价格或者降低玉米价格。在小麦玉米价格比较高时，适当降低小麦价格或者提高玉米价格。

（2）需要特别关注小麦玉米价格倒挂现象。当出现小麦价格持久低于玉米价格时，尤其是小麦玉米价格比低于 0.96 时，需要国家采取价格干预政策，使得小麦玉米价格比回归合理区间。小麦在中国主要用作口粮，担负着保障粮食安全的重任。小麦玉米价格倒挂必然引起小麦大规模替代玉米，导致小麦饲用消费量猛增，势必影响口粮安全。因此，为了保障居民口粮安全，在小麦玉米价格比很低的情况下，国家有必要出台小麦用途限制性政策（如设置小麦饲用消费和加工消费占总消费的比例），同时采取提高小麦价格或者降低玉米价格的紧急措施干预小麦和玉米市场。

（3）建立小麦玉米价格监测与预警机制，动态关注小麦玉米供求情况与价格变化规律。小麦玉米价格比处于合理区间对于稳定粮食市场价格、保障粮食产量至关重要。建立小麦与玉米价格比监测的常态化制度，利用信息化平台收集、分析、公布监测结果。利用好小麦玉米价格比的导向性作用，调节小麦和玉米的种植结构以及消费结构，助力国家玉米去库存。

（4）去库存背景下，制定玉米价格政策时，不能抛开小麦价格因素，单纯、孤独下调玉米价格，而是要充分意识到小麦与玉米之间的"价格和产量"联动关系，应该考虑玉米调价政策对小麦生产和消费产生的影响。除此之外，在制定和评估玉米调价幅度时，应该以小麦玉米价格比为依据，制定合理、科学的调价政策。

7.5 执行短期的玉米播种面积削减政策

玉米播种面积削减政策是玉米供给侧结构性改革的重要内容。迫于玉米库存压力，有必要执行玉米播种面积削减政策，当然该项政策是短期内去库存最直接、最有效的办法。然而，应该清醒地认识到中国中长期玉米供给形势，正确看待和评估玉米播种面积削减政策。从中长期看，中国玉米供给存在缺口。随着人口增长以及食品消费结构升级，中国居民对肉蛋奶的需求还将继续增加，由此引发的玉米需求也将继续增长，短期内国内玉米缺口可以通过消耗库存的方式得到弥补。如果国内玉米库存耗费到社会必要库存水平时仍然继续执行玉米播种面积削减政策，势必带来国内玉米供给不足，影响到国家饲料粮安全。因此，在短期内（比如5年内）逐步削减冷凉地区玉米播种面积，有利于缓解庞大的库存压力。但是，玉米播种面积削减政策存在有效时间范围，仅可作为玉米去库存的急救措施，不宜作为长久的玉米生产政策。

7.6　放宽燃料乙醇加工限制政策，消化国内玉米库存

保障玉米有效供给是国家粮食安全的重要内容。为了防止出现玉米工业用粮与饲料用粮争粮的局面，国家出台了相关限制性政策，目的在于优先满足玉米的口粮消费和饲用消费，因此国家限制了用于燃料乙醇的玉米数量。玉米临时收储政策实施后，中国出现严重的玉米供给过剩问题，在玉米去库存大背景下，适当放宽燃料乙醇加工限制政策，有利于削减国内高量玉米库存。应该通过优惠的税收政策、金融信贷政策适当、有规划地支持和鼓励燃料乙醇企业的发展，可以采用"进口配额指标+购买库存玉米"的方式，引导燃料乙醇企业采购国家库存玉米。值得注意的是，在任何时候都要统筹好国家粮食安全和能源安全之间的关系。

第8章

研究结论与展望

8.1 研究结论

本书基于多市场模型,使用农产品供需平衡表分类思想,采用群组差异分解方法,分析了中国玉米供给和消费侧变化情况。通过对比历史数据以及中美库存数据,证实了玉米临时收储时期中国玉米供给过剩的基本事实。本书构建"国内生产替代、国外进口替代和国内消费替代"三维分析框架,解释了中国玉米供给过剩的形成原因。全书研究结论总结如下:

(1)玉米临时收储时期,中国玉米供给出现严重过剩。通过对比临时收储政策实施前后中国玉米库存量变化数据、同期中美两国玉米库存量和库存消费比数据、联合国粮农组织(FAO)18%库存消费比和中国30%库存消费比数据,证实了中国出现"异常玉米库存"。上述情况是由供给增加与需求减少双重因素导致的。消费侧方面,玉米总消费出现疲软,玉米饲料消费、玉米工业消费和玉米出口量均出现下滑。供给侧方面,玉米总供给迅猛增长,玉米产量和进口量"双量齐增"。玉米供给和需求两侧的"一增一减",增加了中国玉米供给过剩量,造成国内玉米库存积压。

(2)中国目前的玉米供给过剩具有阶段性和暂时性特征。与欧美国家粮食过剩不同，中国玉米供给过剩并非因为强大的农业生产能力，而是玉米价格政策导向下玉米生产和消费结构失衡造成的。营养价值法和历史外推法预测结果表明，随着中国人口增长以及玉米生产政策、价格政策的逐步调整，中国玉米供给过剩现象将会在短期内消失。与 1983～1984 年和 1996～1999 年的玉米供给过剩相比，中国 2007～2015 年的玉米供给过剩还具有其他新特征。如出现了价格延缓及累积下跌效应，玉米库存出现爆发式增长，并且发生在 WTO 框架下自由贸易环境中。

（3）基于价格机制视角，中国玉米供给过剩的形成可以由"国内生产替代、国外进口替代和国内消费替代"三维分析框架解释。玉米临时收储政策时期，玉米临时收储价格上涨，在玉米生产以及消费领域引发了"三重替代"。在生产领域，玉米价格上涨改变了玉米与玉米替代作物价格比关系（种植玉米收益更多），农户增加玉米种植面积，减少玉米替代作物种植面积。上述替代种植决策导致玉米过度生产，引发国内玉米供给过剩。在消费领域，玉米价格上涨导致国内外粮食价差形成，饲料企业大量使用玉米替代品替代国内玉米，高粱、大麦、DDGS、木薯的进口冲击了国内玉米消费市场。除此之外，玉米价格上涨缩小了国内玉米和小麦的价格差，饲料企业大量使用国内小麦替代国内玉米，国内玉米消费市场被小麦挤占。正是上述"三重替代"导致国内玉米供给过剩。

（4）国内生产替代与玉米供给过剩研究中，玉米过度生产是造成中国玉米供给过剩的原因之一。改良后的 Nerlove 模型实证结果表明，玉米播种面积与玉米大豆价格比、玉米小麦价格比、玉米棉花价格比、玉米花生价格比、玉米油菜价格比呈正向变动关系。当玉米与上述品种价格比上升 1 个单位（0.01）时，玉米播种面积将分别增加 43.52 万亩、61.32 万亩、10.87 万亩、30.25 万亩和 47.82 万亩。大豆、小麦、棉花、花生、油菜播种面积同玉米与玉米替代作物价格比呈反向变动关系。当玉米与玉米替代作物价格比上升时，会引起大豆、小麦、棉花、花生、油菜播种面积减少。

上述结论证实了"玉米价格上涨—玉米与玉米替代作物价格比改变—玉米播种面积增加、玉米替代作物播种面积减少—国内玉米供给过剩"的传导路径。"反事实法"模拟结果显示，2007～2015 年玉米对大豆、小麦、棉花、油菜和花生的年均替代量分别为 242.30 万吨、154.63 万吨、

138.23 万吨、12.18 万吨和 65.53 万吨。玉米临时收储时期，玉米对其他竞争性作物的替代总量达到 5516 万吨，年均替代量为 612.9 万吨，约占玉米年均库存增量的 25%。

（5）国外进口替代与玉米供给过剩研究中，玉米替代品大量进口是国内玉米供给过剩的又一重要原因，而价格红利的存在是玉米替代品大量进口的根本原因。联立方程模型实证结果表明，玉米替代品进口量与玉米替代品价格红利呈正相关关系，国内玉米饲用消费量与玉米替代品价格红利呈负相关关系。玉米替代品价格红利上升将会带来玉米替代品进口量的增加以及国内玉米饲用消费量减少；同理，玉米替代品价格红利下降将会引起玉米替代品进口量减少和国内玉米饲用消费量增加。在保持高粱、大麦、DDGS、木薯进口无配额政策条件下，如果高粱、大麦、DDGS、木薯价格红利稳定在 0.32 元、0.14 元、0.35 元、0.52 元的水平，玉米替代品进口量将会处于"只为品种调剂而进口"的均衡水平。如果出现更高的玉米替代品价格红利，就会引起玉米替代品进口迅猛增长。

上述结论证实了"玉米价格上涨—国内外粮食价差拉大—玉米替代品价格红利增加—玉米替代品进口量剧增—国内玉米消费市场被挤占—国内玉米供给过剩"的传导路径。除此之外，研究表明随着制种技术以及饲料加工技术的发展，高粱、大麦、DDGS、木薯已成为新的饲料原料，改变了原有的饲料原料供应格局。对于玉米替代型饲料原料，中国主要依靠国外进口（高粱主要来自美国和澳大利亚，大麦主要来自澳大利亚、加拿大、欧盟、乌克兰和阿根廷，DDGS 主要来自美国，木薯主要来自泰国、越南、印度尼西亚、尼日利亚）。玉米替代品进口来源地太过集中，暴露出较大的粮食进口风险。

（6）国内消费替代与国内玉米供给过剩研究中，小麦作为饲料原料替代国内玉米是导致中国玉米供给过剩的另一重要原因。经测算，2009~2015 年小麦替代玉米的总量为 7601 万吨（其中 2011 年和 2012 年替代量最大，年均替代量高达 1267 万吨）。如果不存在替代现象，将有 10%~30% 的库存增量玉米被消费在饲料行业。小麦玉米价格比变化（变小）是引起上述替代现象的根本原因。玉米临时收储价格上涨，打破了小麦与玉米原有的均衡价格比，饲料企业提高小麦添加比例，减少玉米使用量。小麦玉米价格比与小麦替代玉米数量呈反向变动关系。小麦玉米价格比下降会引起小麦替代玉米数量增加；同理，小麦玉米价格比上升会带来小麦替代玉米数量减少。在不考虑其他因素情况下（政策因素、物流因素），小麦价格比是影响小麦替代玉米数量的关键因素。

小麦玉米价格比与小麦替代玉米数量存在长期均衡关系，同时两者之间还存在阈值效应（阈值为0.96），即在阈值两侧小麦玉米价格比等量变化引起的替代增量存在显著差异。在第一区段（$0.90 \leqslant Priceratio_t \leqslant 0.96$），小麦玉米价格比下降1个单位（0.01），小麦替代玉米的数量将增加14.98万吨（月度）。在第二区段（$0.96 < Priceratio_t \leqslant 1.05$），小麦玉米价格比下降1个单位（0.01），小麦替代玉米的数量将增加10.04万吨（月度）。当市场上出现较低小麦玉米价格比（例如价格低于1.05）时，饲料行业中将会出现小麦替代玉米的现象。如果连续数月小麦玉米价格比低于1.05，或者小麦玉米价格比长期位于0.90~0.96，将有大量小麦作为饲料原料替代玉米。上述情况一旦发生，就会改变饲料原料供给格局。

8.2　研究展望

（1）纳入非价格因素解释中国玉米供给过剩问题。本书仅从价格机制视角解释国内玉米供给过剩的形成，实际上导致玉米供给过剩还存在众多非经济因素（如物流、制度等），纳入多元化影响因素（特别是非价格因素）能够更加合理、更加真实地解释中国玉米供给过剩的形成原因，这是未来研究中国玉米供给过剩问题的一个方向。

（2）创建衡量玉米供给过剩的定量指标。书中主要以联合国粮农组织（FAO）18%库存消费比、30%历史库存消费比为标准，描述了玉米供给过剩的程度。然而，中国玉米库存量达到多少万吨、玉米库存消费比为多少时才算是玉米供给过剩？上述问题对于界定中国玉米供给过剩至关重要，因此创建衡量中国玉米供给过剩的定量指标值得进一步研究。

（3）引入动态随机一般均衡模型（DSGE）。动态随机一般均衡模型对于分析"国内生产替代、国外进口替代和国内消费替代"具有明显的优势，上述模型能够将玉米生产和消费两个环节、玉米国内国外两个市场置于同一实证模型中，更能深入考察玉米价格变动引发的"三重替代"效应。

（4）目前中国形成的饲料粮供给新格局值得进一步研究。随着制种技术、脱毒技术以及饲料加工技术的发展，非常规饲料原料作为"玉米—豆粕"传统型饲料原料的重要补充，正在改变中国饲料粮供给格局，如何保障非常规饲料原料的有效供给值得进一步关注。

参 考 文 献

［1］A. 恰亚诺夫 . 农民经济组织 ［M］. 萧正洪译 . 北京：中央编译出版社，1996.

［2］白美清 . 新时期我国玉米产业发展新战略的几点思考 ［J］. 中国粮食经济，2014（11）：20 – 22.

［3］白梦娇，贾利军 . 我国粮食结构波动的分解与预测—基于 EMD 模型的分析 ［J］. 管理学刊，2016，29（5）：22 – 28.

［4］［美］保罗·克鲁格曼 . 克鲁格曼国际贸易新理论 ［M］. 北京：中国社会科学出版社，2001.

［5］编辑部 . 过剩·支农·周转金——当前财政支农热点访谈录 ［J］. 农村财政与财务，1998（5）：8 – 10.

［6］波尔·克鲁普顿，布廉·菲利浦，邓·瓜纳塞克拉，陈劲松，李静 . 中国畜产品需求增长对饲料粮的影响 ［J］. 中国农村经济，1994（3）：27 – 32.

［7］［瑞典］伯特尔·俄林 . 区际贸易与国际贸易 ［M］. 晏智杰，逯宇铎译 . 北京：华夏出版社，2013.

［8］蔡承智，刘海华，范伟杰 . 基于产量潜力预测的我国玉米单产分析 ［J］. 贵州农业科学，2011，39（12）：254 – 256，261.

［9］曹慧，翟雪玲，徐雪高，谭智心，张照新 . 我国主要农产品结构平衡研究 ［J］. 宏观经济研究，2013（6）：9 – 14.

［10］陈保全，李永君 . 试论解决农民"卖粮难"的途径 ［J］. 河南财经学院学报，1985（1）：43 – 45，57.

［11］陈宁玲，李周权，李爱科，周天兵，蒋金津 ."十二五"期间我国养猪业饲料粮需求预测 ［J］. 中国畜牧杂志，2010，46（22）：34 – 39.

［12］陈盼，王倩 . 2013 年玉米小麦供需分析及替代研究 ［J］. 饲料

广角，2013（13）：18 – 21.

[13] 陈上，窦子荷，蒋腾聪，李华龙，马海姣，冯浩，于强，何建强．基于聚类法筛选历史相似气象数据的玉米产量 DSSAT-CERES-Maize 预测 [J]．农业工程学报，2017，33（19）：147 – 155.

[14] 陈永福，[日] 钱小平，韩昕儒．2030 年中国食物供求展望 [M]．北京：中国农业出版社，2015.

[15] 陈玉斌．农产品交易市场化是我国农业走出困境的根本途径 [J]．中国农村经济，1989（6）：50 – 54.

[16] 陈兆兴．美国农业危机继续恶化 [J]．世界知识，1960（12）：19 – 20.

[17] 程国强．中国粮食调控目标、机制与政策 [M]．北京：中国发展出版社，2012.

[18] 从明．实施西部大开发战略的财税政策取向 [J]．税务研究，2000（8）：3 – 7.

[19] 崔振东．农产品比较优势与结构优化—基于延边地区实证研究 [M]．北京：中国农业出版社，2007.

[20] [英] 大卫·李嘉图．政治经济学及赋税原理 [M]．郭大力，王亚南译．南京：译林出版社，2014.

[21] 戴蓬军．欧盟共同农业政策的新改革 [J]．农业经济问题，2001（10）：61 – 63.

[22] 道日娜，王求名．农产品滞销现象与供给过剩的形成机制 [J]．农业经济与管理，2012（3）：64 – 69.

[23] 刁其玉，杨忠源，黄俊纯．高粱单宁对鸡体内物质代谢的影响 [J]．中国畜牧杂志，1990（2）：30 – 31.

[24] 丁声俊．对我国粮食发展战略的理论探讨 [J]．理论月刊，1986（3）：13 – 19.

[25] 丁声俊．欧共体的粮食宏观调控政策 [J]．世界农业，1994（1）：4 – 6.

[26] 丁声俊．玉米收储制度改革的进展及深化改革的措施 [J]．价格理论与实践，2017（3）：5 – 9.

[27] 丁翌. 浅谈二战后美国的粮食援助 [J]. 济宁师范专科学校学报, 2006 (4): 23 – 26.

[28] 杜一, 仲禾. 我国粮食过剩问题与粮食市场化改革—首都经济学界研讨会综述 [J]. 经济纵横, 1999 (5): 4 – 6.

[29] 樊欢欢, 李嫣怡, 陈胜可. EViews 统计分析与应用 [M]. 北京: 机械工业出版社, 2011.

[30] 樊明. 种粮行为与粮食政策 [M]. 北京: 社会科学文献出版社, 2011.

[31] 樊琦, 祁华清. 国内外粮价倒挂下粮食价格调控方式转型研究 [J]. 宏观经济研究, 2015 (9): 23 – 31, 97.

[32] 范垄基, 穆月英, 付文革, 陈阜. 基于 Nerlove 模型的我国不同粮食作物的供给反应 [J]. 农业技术经济, 2012 (12): 4 – 11.

[33] 冯晓. 黑龙江大豆产业发展战略研究 [M]. 北京: 科学出版社, 2011.

[34] 冯占雨, 乔家运. 在肥育猪和母猪饲粮中利用小麦替代玉米的应用研究 [J]. 养猪, 2012 (4): 5, 13 – 16.

[35] 付岩岩. 欧盟共同农业政策的演变及启示 [J]. 世界农业, 2013 (9): 54 – 57.

[36] 高大占. 高粱大麦替代玉米缘何占比越来越高 [N]. 中国畜牧兽医报, 2015 – 8 – 23 (15).

[37] 高鸿业. 西方经济学 (微观部分) 第四版 [M]. 北京: 中国人民大学出版社, 2007.

[38] 高振川, 姜云侠, 金月英, 刘金旭. 两种单宁含量不同的高粱饲喂肉用仔鸡的效果 [J]. 畜牧兽医学报, 1985 (2): 89 – 92.

[39] 谷津. 农业危机加剧美欧经济矛盾 [J]. 世界知识, 1985 (15): 10.

[40] 郭翔宇, 刘宏曼. 比较优势与农业结构优化 [M]. 北京: 中国农业出版社, 2005.

[41] 郭兆信. 大力调整农业结构是解决农民增收问题的根本出路 [J]. 理论前沿, 2000 (24): 8 – 10.

[42] 国家发展和改革委员会价格司. 全国农产品成本收益资料汇编 2015 [Z]. 北京：中国统计出版社，2016.

[43] 国家统计局农村社会经济调查司. 中国农产品价格调查年鉴 2016 [G]. 北京：中国统计出版社，2016.

[44] 海闻，P. 林德特，王新奎. 国际贸易 [M]. 上海：上海人民出版社，2003.

[45] 韩光明. 正确认识我国当前粮食过剩状况确保国家粮食安全 [J]. 农村经济，2003（8）：12-13.

[46] 韩昕儒，陈永福，钱小平. 中国目前饲料粮需求量究竟有多少 [J]. 农业技术经济，2014（8）：60-68.

[47] 韩一军. 中国小麦产业发展与政策选择 [M]. 北京：中国农业出版社，2012.

[48] 韩志荣，冯亚凡. 新中国农产品价格四十年 [M]. 北京：水利水电出版社，1992.

[49] 贺燕丽，黄汉权，王晓辉. 我国玉米加工业的发展与展望 [M]. 北京：经济科学出版社，2009.

[50] 胡浩. 中国畜产经济学 [M]. 北京：科学出版社，2012.

[51] 胡小平，郭晓慧. 2020 年中国粮食需求结构分析及预测——基于营养标准的视角 [J]. 中国农村经济，2010（6）：4-15.

[52] 胡小平. 我国粮食安全保障体系研究 [M]. 北京：经济科学出版社，2013.

[53] 胡跃高，刘景辉. 青贮玉米研究 [M]. 北京：中国农业出版社，2006.

[54] 黄达伟. 美国农业保护政策对我国的启示 [J]. 亚太经济，2001（5）：29-32.

[55] 黄汉权. 1996 年国家提高粮食定购价格的经济影响分析和对策建议 [J]. 价格月刊，1996（8）：20-21.

[56] 黄泰元. 农产品深加工的"蓝海之路" [J]. 中国市场，2008（25）：50-51.

[57] [美] 黄宗智. 华北的小农经济与社会变迁 [M]. 北京：中华

书局，1986.

[58] ［美］黄宗智. 中国农村的过密化与现代化：规范认识危机及出路［M］. 上海：上海社会科学院出版社，1992.

[59] 黄祖辉，胡豹，黄莉莉. 谁是农业结构调整的主体？——农户决策行为分析［M］. 北京：中国农业出版社，2005.

[60] 吉奇. 基于 Logistic 和灾减率方法制作玉米产量的预测［J］. 中国农学通报，2012，28（6）：293 - 296.

[61] 姜黎华，凌耀初. 美欧农业政策比较研究［J］. 上海社会科学院学术季刊，1994（1）：70 - 78.

[62] ［美］蒋中一，［加］凯尔文·温赖特. 数理经济学的基本方法（第 4 版）［M］. 刘学，顾佳峰译. 北京：北京大学出版社，2006.

[63] 杰弗里·M. 伍德里奇. 计量经济学导论：现代观点（第五版）［M］. 张成思、李红、张步昙译. 北京：中国人民大学出版社，2015.

[64] ［法］莱昂·瓦尔拉斯. 纯粹经济学要义［M］. 蔡受百译. 北京：商务印书馆，1997.

[65] ［美］莱斯特·R. 布朗. 谁能供得起中国所需的粮食［M］. 陈同斌等译. 北京：科学技术文献出版社，1998.

[66] 赖长华，欧秀琼，钟正泽，黄建，孔路军，江山，刘作华. 大麦替代玉米饲料对仔猪和生长猪生长性能的影响研究［J］. 养猪，2001（3）：19 - 21.

[67] 冷崇左. 试论粮食价格对粮食供求的影响［J］. 粮食问题研究，1998（9）：19 - 21.

[68] 冷雪梅. 20 世纪 80 年代美国对伊拉克农业贸易政策论析［J］. 东北师大学报（社会科学版），2009（1）：31 - 37.

[69] 李炳军. 粮食安全与粮食生产——基于灰色模型技术的分析［M］. 北京：科学出版社，2017.

[70] 李光泗. 市场化、国际化趋势下中国粮食市场调控绩效研究［M］. 北京：经济管理出版社，2016.

[71] 李广厚. 对粮食过剩现象的思考［J］. 理论建设，2000（6）：30 - 33.

[72] 李国强, 路小芳, 曹治彦, 田志刚. 2001 - 2015 年黄淮海地区玉米产量分析及灰色模型预测 [J]. 农业科技通讯, 2017 (9): 85 - 87.

[73] 李建明. 试论转型时期我国农业补贴政策及其转变 [D]. 太原: 山西大学, 2007.

[74] 李京文, 郑友敬, 刘天福, 刘锦华. 法国技术经济考察报告——农业部分 [J]. 数量经济技术经济研究, 1988 (1): 73 - 78.

[75] 李科. 为什么我国粮食出现供过于求 [J]. 中国粮食经济, 2001 (1): 38.

[76] 李利英, 李铜山, 康涌泉. 粮食经济问题 [M]. 北京: 中国农业出版社, 2015.

[77] 李少昆, 王崇桃. 玉米高产潜力·途径 [M]. 北京: 科学出版社, 2010.

[78] 李首男. 应对获得性粮食危机的国际现金援助分析 [D]. 北京: 北京外国语大学, 2016.

[79] 李玉勤. 中国杂粮产业发展研究 [M]. 北京: 中国农业科学技术出版社, 2011.

[80] 李正信. 玉米做餐具 大豆制机油 [N]. 中国石化报, 2000 - 6 - 21 (4).

[81] 李志明. 法国的环境保护型农业 [J]. 农牧情报研究, 1993 (6): 22 - 28.

[82] 李志强, 吴建寨, 王东杰. 我国粮食消费变化特征及未来需求预测 [J]. 中国食物与营养, 2012, 18 (3): 38 - 42.

[83] 李忠. 简析麦克萨里改革 [J]. 欧洲, 2001 (1): 51 - 57, 109.

[84] 厉为民. 法国粮食的短缺、过剩及其对策 [J]. 农业技术经济, 1986 (1): 47 - 48.

[85] 廖永松, 黄季焜. 21 世纪全国及九大流域片粮食需求预测分析 [J]. 南水北调与水利科技, 2004 (1): 29 - 32.

[86] 林东康, 刘庆华, 娄凤英. 利用 Excel 计算饲料原料的适宜价格 [J]. 郑州牧业工程高等专科学校学报, 2002 (4): 241 - 243, 250.

[87] 林光. 应用贝叶斯准则进行玉米产量预测 [J]. 广西气象,

1989（3）：54－56.

［88］林海．欧共体农业政策的改革［J］．国际贸易，1993（8）：3，12－13.

［89］林毅夫．解读中国经济［M］．北京：北京大学出版社，2012.

［90］林毅夫．制度、技术与中国发展［M］．上海：上海人民出版社，1994.

［91］刘桂才．近年我国粮价下跌成因及趋势分析［J］．中国粮食经济，2000（1）：15－19.

［92］刘汉中．阈值自回归模型和阈值协整理论与方法研究［M］．北京：经济科学出版社，2011.

［93］刘慧，矫健，李宁辉．我国杂粮价格波动与影响研究［M］．北京：经济科学出版社，2013.

［94］刘景江．欧共体的农产品价格政策［J］．价格理论与实践，1991（12）：30－34.

［95］刘克祥．1927－1937年的地价变动与土地买卖——30年代土地问题研究之一［J］．中国经济史研究，2000（1）：21－36，54.

［96］刘林森．德国如何调整农业结构［J］．农村工作通讯，2000（10）：25.

［97］刘鹏．"丰裕社会"期间美国农业经济二元状态分析［J］．世界农业，2013（6）：28－31.

［98］刘旗，张冬平，张兆瑞．我国未来粮食供需预测分析［J］．河南农业大学学报，1998（4）：379－384，393.

［99］刘庆华，林东康，娄凤英，张勇．饲料原料适宜价格的评定方法［J］．饲料工业，2002（2）：26－27.

［100］刘树华，何剑．实施四大战略——推进农业产业化［J］．江苏农村经济，1999（9）：17.

［101］刘雪英．我国农业可持续发展的策略选择［J］．安徽农业大学学报（社科版），1997，6（2）：15－17.

［102］刘颖．新时期我国粮食储备政策与调控体系研究［M］．北京：人民出版社，2016.

[103] 刘召勇，冯先志，杜书云，张广宇．农产品流通体系建设中的缺陷及其完善对策 [J]．中国农村经济，1998（4）：29-32．

[104] 卢锋，谢亚．我国粮食供求与价格走势（1980—2007）——粮价波动、宏观稳定及粮食安全问题探讨 [J]．管理世界，2008（3）：70-80，187．

[105] 卢锋．粮食市场化改革：需要重新思考的认识前提 [J]．中国农村观察，1997（3）：7-16．

[106] 卢锋．三次粮食过剩（1984~1998）：我国粮食流通政策演变的备择解释 [R]．北京：北京大学中国经济研究中心，1999．

[107] 卢锋．应当实事求是地认识粮食过剩问题——对"粮食无过剩"观点的质疑 [J]．管理世界，1993（3）：168-175．

[108] 陆文聪，叶建．粮食政策市场化改革与浙江农作物生产反应：价格、风险和订购 [J]．浙江大学学报（人文社会科学版），2004（3）：5-11．

[109] 陆文聪．粮食市场化改革的农业结构变动效应及对策研究 [M]．北京：中国农业出版社，2005．

[110] 路南．12年来农产品价格调整和改革中的几个问题 [J]．中国物价，1992（2）：5-10．

[111] 吕新业，胡非凡．2020年我国粮食供需预测分析 [J]．农业经济问题，2012（10）：11-18，110．

[112] 罗丹，陈洁．新常态时期的粮食安全战略 [M]．上海：上海远东出版社，2016．

[113] 马克思．资本论 [M]．郭大力，王亚南译．上海：上海三联书店，2009．

[114] 马飒．要素稀缺性与收益的国际差异 [M]．上海：格致出版社，2016．

[115] 马述忠，乜国婉．农产品外贸依存度的国际比较及政府行为分析——兼论农业对我国社会经济发展的贡献 [M]．北京：中国农业出版社，2006．

[116] 马晓河．粮食结构性供给过剩造成"新"的不安全 [J]．黑龙

江粮食，2017（6）：13 - 16.

[117] 马永欢，牛文元. 基于粮食安全的中国粮食需求预测与耕地资源配置研究［J］. 中国软科学，2009（3）：11 - 16.

[118] 马玉平，孙琳丽，俄有浩，吴玮. 预测未来 40 年气候变化对我国玉米产量的影响［J］. 生态应用学报，2015，26（1）：224 - 232.

[119] 马增林. 黑龙江大豆产业发展问题研究［M］. 北京：中国农业出版社，2011.

[120] 梅燕. 中国粮食供求区域均衡变化研究：模型构建与模拟分析［M］. 北京：中国社会科学出版社，2009.

[121] 美国国家科学院科学研究委员会. 猪营养需要［M］. 印遇龙、阳成波、敖志刚主译. 北京：科学出版社，2014.

[122] 美国今年以大量限制耕地面积、减少生产来减轻农产品过剩危机［N］. 新华社新闻稿，1954（1348）：35 - 35.

[123] 苗静平. 单宁含量较高的高粱对育成牛的生产性能和胴体特性的影响［J］. 饲料广角，2012（2）：46 - 47.

[124] 苗珊珊，许增巍，徐永金. 价格波动、福利效应与中国粮食安全［M］. 北京：中国社会科学出版社，2015.

[125] 莫善文. 台湾农业的转型及其发展策略［J］. 世界热带农业信息，1995（12）：11.

[126] 农业部种植业管理司. 中国玉米品质区划及产业布局［M］. 北京：中国农业出版社，2004.

[127] ［美］帕特里克·韦斯特霍夫. 粮价谁决定：食品价格中的经济学［M］. 申清，郭兴华译. 北京：机械工业出版社，2011.

[128] 潘石，石文凯. 通货紧缩与农业结构调整［J］. 管理世界，2000（6）：206 - 207.

[129] 庞浩. 计量经济学（第二版）［M］. 北京：科学出版社，2010.

[130] 齐仁译. 战后农产品过剩及其救济方案［J］. 贸易月刊，1943（10）：19 - 50.

[131] 祁华清，宁宜希. 国际粮价波动下中国粮食安全实证研究［M］. 北京：经济日报出版社，2015.

[132] 潜之. 印度粮食过剩带来的问题 [J]. 国际展望, 1995 (18): 15 – 16.

[133] 仇焕广, 徐志刚, 吕开宇, 王晓兵, 白军飞, 杨军. 中国玉米产业经济研究 [M]. 北京: 中国农业出版社, 2015.

[134] 裘元伦. 欧洲经济共同体的农产品生产过剩问题 [J]. 国际经济评论, 1981 (7): 71 – 73.

[135] 冉崇明. 美国农业: 如何在市场经济中实现政府目标? [J]. 理论与改革, 1995 (1): 44 – 46.

[136] 尚强民. 中国需要大量进口玉米吗? [J]. 中国粮食经济, 2014 (7): 30 – 32.

[137] 尚秀国, 朱晓萍, 郭维先. 无单宁高粱替代玉米对肥育猪生产性能的影响 [J]. 中国畜牧杂志, 2004 (7): 49 – 50.

[138] 苏日古嘎, 恩和. 2016—2030 年中国玉米产业发展趋势预测 [J]. 农业展望, 2017, 13 (3): 33 – 37.

[139] 孙赛英, 陈红儿. 论农业特色经济与农产品差异型竞争 [J]. 农业现代化研究, 2003 (5): 347 – 350.

[140] 孙振远. 中国粮食问题 [M]. 河南: 河南人民出版社, 2000.

[141] 谭向勇, 孙琛. 目前粮食过剩问题及对策 [J]. 农业经济问题, 1999 (7): 9 – 13.

[142] 唐茂妍, 陈旭东. 高粱在饲料中的应用 [J]. 中国饲料, 2013 (4): 39 – 41.

[143] 田维明, 周章跃. 中国饲料粮市场供给需求与贸易发展 [M]. 北京: 中国农业出版社, 2007.

[144] 田锡全. 演进与运行: 粮食统购统销制度研究 (1953 – 1985) [M]. 上海: 上海人民出版社, 2014.

[145] 田野. 关于粮食安全问题的几个认识误区 [J]. 中国农村经济, 2004 (3): 64 – 68.

[146] 万建美, 孙相俞, E. B. Etuk, N. J. Okeudo, B. O. Esonu, A. B. I. Udedibie, 高粱中抗营养因子的化学性质及对畜禽的影响与作用机制 [J]. 国外畜牧学 (猪与禽), 2014, 34 (12): 9 – 11.

［147］万建美，孙相俞，何闪．高粱单宁在认识上的谬误［J］．国外畜牧学（猪与禽），2015，35（4）：71 – 72，5.

［148］王艾敏．中国饲料加工业区域集中与效率研究［M］．成都：西南财经大学出版社，2008.

［149］王春法．美国农业教育 – 科研 – 推广体系的得失观［J］．美国研究，1993（4）：43 – 62，4.

［150］王慧英．"剩余品"时代美国的对外粮食援助政策［J］．世界历史，2006（2）：12 – 20，159.

［151］王利辉，刘志红．上海自贸区对地区经济的影响效应研究——基于"反事实"思维视角［J］．国际贸易问题，2017（2）：3 – 15.

［152］王玲．中国小麦消费结构分析及深加工发展展望［J］．农业展望，2014，10（11）：75 – 79.

［153］王梅．如何看待玉米供给由紧转松［J］．中国粮食经济，2014（6）：46 – 50.

［154］王梅．临储玉米价格首次下调释放出哪些讯号［J］．中国粮食经济，2015（12）：24 – 26.

［155］王明华．对我国饲料粮供需形势的分析［J］．调研世界，2012（2）：24 – 26.

［156］王启云．农产品"卖难"问题透视［J］．湖南科技大学学报（社会科学版），2005（5）：76 – 79.

［157］王士海．中国粮食价格调控的政策体系及其效应研究［M］．北京：中国农业科学技术出版社，2016.

［158］王小鲁．中国粮食市场的波动与政府干预［J］．经济学（季刊），2001（1）：171 – 192.

［159］王益锋，石冠峰．市场经济与西部农产品的市场开拓［J］．农业经济问题，2000（9）：48 – 51.

［160］王祖奇．亨利·A. 华莱士与罗斯福新政农业改革［J］．历史教学问题，2011（5）：69 – 75.

［161］卫梦星．"四万亿"投资的增长效应分析——"反事实"方法的一个应用［J］．当代财经，2012（11）：16 – 25.

[162] 魏杰, 宁静, 李富忠. 山西省玉米产量预测研究——基于指数平滑法的实证研究 [J]. 天津农业科技, 2015, 21 (11): 84 - 85, 97.

[163] 温厉, 温铁军. 中国粮食供给周期与价格比较分析 [J]. 管理世界, 1997 (4): 169 - 176.

[164] 温铁军, 张俊娜, 杜洁. 农业现代化的发展路径与方向问题 [J]. 中国延安干部学院学报, 2005, 8 (3): 105 - 110.

[165] 温铁军. 我国粮食供求的 5 次波动 [J]. 科技导报, 1999 (1): 3 - 5.

[166] 翁鸣. 美国农业谈判的目标、策略及其影响因素 [J]. 国际贸易, 2007 (12): 43 - 48.

[167] [美] 西奥多·W. 舒尔茨. 改造传统农业 [M]. 梁小民译. 北京: 商务印书馆, 2006.

[168] 夏永祥, 余其刚. 从非农产业结构看我国农业和农村的经济结构调整 [J]. 中国软科学, 2001 (8): 115 - 118.

[169] 夏仲明. 三十年粮改的回顾与思考 [J]. 粮食问题研究, 2008 (4): 44 - 48.

[170] 肖国安. 粮食经济研究论集 [M]. 湘潭: 湘潭大学出版社, 2009.

[171] 谢晓凌. 充分重视粮食的相对过剩问题 [J]. 宏观经济管理, 1999 (11): 28 - 31.

[172] 辛贤, 尹坚, 蒋乃华. 中国畜产品市场: 区域供给、需求和贸易 [M]. 北京: 中国农业出版社, 2004.

[173] 熊本海, 罗清尧, 赵峰, 庞之洪. 中国饲料成分及营养价值表 (2015 年第 26 版) (续) [J]. 中国饲料, 2015 (22): 34 - 39.

[174] 熊本海, 罗清尧, 赵峰, 庞之洪. 中国饲料成分及营养价值表 (2015 年第 26 版) 制定说明 [J]. 中国饲料, 2015 (21): 23 - 33.

[175] 熊本海, 庞洪之. 木薯产品用作动物饲料应该注意的问题 [J]. 中国饲料, 2001 (9): 31 - 33.

[176] 熊性美. 第二次世界大战后美国农业危机的一些资料和几个问题 [J]. 经济研究, 1961 (6): 31 - 48.

[177] 徐超. 美国对农产品过剩的对策 [J]. 价格月刊, 1992 (2): 36.

[178] [英] 亚当·斯密著. 国富论 [M]. 北京: 商务印书馆, 2015.

[179] 闫旭. 浅析农产品过剩原因及对策 [J] 企业研究, 2012 (8): 159 – 160.

[180] 阎晓军, 邓蓉, 孙伯川. 中国作物生产成本与收益分析 [M]. 北京: 中国农业出版社, 2008.

[181] 燕秦. 过剩什么, 短缺什么? [J]. 社会, 1988 (7): 12 – 14.

[182] 杨春. 中国主要粮食作物生产布局变迁及区位优化研究 [M]. 北京: 中国农业出版社, 2011.

[183] 杨庆才. 玉米产业经济概论 [M]. 北京: 科学出版社, 2002.

[184] 杨晓东, 李晓. 供给侧改革背景下粮食 "去库存" 的难点与对策——以国家临储玉米为例 [J]. 社会科学家, 2017 (5): 59 – 64.

[185] 杨艳涛, 吴敬学. 基于市场均衡模型的中国玉米供需变化与趋势预测 [J]. 经济问题, 2014 (12): 98 – 103.

[186] 杨引福. 特种玉米生产及加工 [M]. 北京: 中国标准出版社, 2001.

[187] 杨镇, 才卓, 景希强, 张世煌. 东北玉米 [M]. 北京: 中国农业出版社, 2007.

[188] 杨志宏. 金融与农业供给侧改革 [J]. 中国金融, 2016 (24): 87 – 88.

[189] 杨志武. 农户种植业决策的外部性影响研究 [M]. 北京: 中国农业出版社, 2013.

[190] 尹成杰. 实现农产品长期有效供给 [J]. 瞭望新闻周刊, 2003 (13): 18 – 19.

[191] 尹靖华, 顾国达. 我国粮食中长期供需趋势分析 [J]. 华南农业大学学报 (社会科学版), 2015, 14 (2): 76 – 83.

[192] 于强, 郑进. 农产品供求衔接的思路和对策 [J]. 福建改革, 1998 (11): 26 – 27.

[193] 于文超, 殷华. 财政补贴对农村居民消费的影响研究——基于 "家电下乡" 政策的反事实分析 [J]. 农业技术经济, 2015 (3): 61 – 70.

[194] 袁日进. 过剩：农业发展新挑战 [J]. 江苏政协，2000（3）：10-11.

[195][英] 约翰·梅纳德·凯恩斯著. 凯恩斯文集 [M]. 李春荣，催人元等译. 北京：中国社会科学出版社出版，2013.

[196] 查贵庭，卜卫兵. 我国"农产品过剩"现象产生的原因及对策分析 [J]. 西南农业大学学报（社会科学版），2005（1）：8-10.

[197] 詹玲，李宁辉，冯献. 中国木薯产业发展研究 [M]. 北京：中国社会科学出版社，2010.

[198] 詹武，张留征，兰瑶. 英国农业政策的两次战略性转变—赴英考察农业经济报告之一 [J]. 中国农村经济，1987（4）：54-59，65.

[199] 张变英，王芳. 小麦的饲用价值及小麦替代玉米在饲料中应用前景 [J]. 中国畜牧兽医文摘，2015，31（2）：196-198.

[200] 张福耀，吴树彪，柳青山. 影响高粱饲用价值主要内在因素及其对策 [J]. 动物营养学报，2016，28（1）：1-8.

[201] 张建杰. 对粮食最低收购价政策效果的评价 [J]. 经济经纬，2003（5）：19-24.

[202] 张利庠. 中国饲料产业发展报告 [M]. 北京：中国农业出版社，2006.

[203] 张利庠. 中国饲料经济与管理研究 [M]. 北京：中国经济出版社，2007.

[204] 张明杨，陈超，谭涛，李寅秋. 中国农户玉米播种面积决策的影响因素分析 [J]. 南京农业大学学报（社会科学版），2014，14（3）：37-43.

[205] 张融，李先德. 饲料大麦的应用价值及开发前景 [J]. 中国食物与营养，2015，21（7）：27-31.

[206] 张爽. 粮食最低收购价政策对主产区农户供给行为影响的实证研究 [J]. 经济评论，2013（1）：130-136.

[207] 张桐. 世界农产品贸易状况及前景预测 [J]. 中国农村经济，1985（5）：57-59.

[208] 张文英，栗秋生，栗雨勤. 河北省玉米产量灰色理论分析与预

测 [J]. 华北农学报, 2007 (S1): 160 - 162.

[209] 张晓涛, 王扬. 大国粮食问题: 中国粮食政策演变与食品安全监管 [M]. 北京: 经济管理出版社, 2009.

[210] 张秀青. 我国玉米 "高库存" 现象及市场化解决途径探析 [J]. 中国粮食经济, 2014 (9): 31 - 34.

[211] 张旭青, 翟雪玲. 美国农产品出口促销计划及其对我国的启示 [J]. 调研世界, 2004 (2): 45 - 47.

[212] 张绪美, 董元华, 沈文忠. 我国主要畜禽养殖量及饲料粮需求量估算 [J]. 饲料研究, 2015 (4): 8 - 11.

[213] 张亚斌. 内生比较优势理论与中国贸易结构转换 [M]. 北京: 中国经济出版社, 2006.

[214] 张迎红. 欧盟未来农业改革的框架 [J]. 国际展望, 1996 (15): 20 - 21.

[215] 赵卓. 从保供给视角看小麦玉米价格 "倒挂" 现象 [J]. 中国农业信息, 2013 (2): 3 - 4, 8.

[216] 郑伯权, 史敬棠, 李克亮, 韩伐贵, 张留征, 李薇. 关于日本农产品流通考察报告 (上) [J]. 农业经济问题, 1984 (5): 56 - 59, 42.

[217] 郑风田. 粮食安全政策代价与中国农业的国际化 [J]. 经济理论与经济管理, 2002 (10): 72 - 75.

[218] 中国农村发展问题研究组. 农村、经济、社会. 第四卷 [M]. 北京: 农村读物出版社, 1986.

[219] 中国农村经济评论员. 冷静分析形势 慎重采取对策 [J]. 中国农村经济, 1993 (4): 10 - 15.

[220] 中国农业新闻网. 统筹两个市场关键要确保进口适度适当可靠 [J]. 黑龙江粮食, 2016 (4): 11 - 12.

[221] 中国营养学会. 中国居民膳食指南 (2016) [M]. 北京: 人民卫生出版社, 2016.

[222] 中华人民共和国国务院新闻办公室. 中国与世界贸易组织 [M]. 北京: 人民出版社, 2018.

[223] 钟甫宁. 粮食储备和价格控制能否稳定粮食市场? ——世界粮

食危机的若干启示 [J]. 南京农业大学学报（社会科学版），2011，11
(2)：20 – 26.

[224] 钟甫宁. 农业经济学 [M]. 北京：中国农业出版社，2011.

[225] 钟钰. 我国粮食进口风险防控与策略选择 [M]. 北京：经济
科学出版社，2016.

[226] 周成英，黄兆康. 辩证地看待目前我国粮食过剩现象 [J]. 中
国粮食经济，2001 (2)：14 – 17.

[227] 周孟清，宴和平，谢申伍. 小麦替代玉米对中猪生长性能的影
响 [J]. 畜禽业，2015 (11)：24 – 26.

[228] 周明. 饲料学导论 [M]. 北京：化学工业出版社，2016.

[229] 周永娟，侯彦林，李红英. 吉林省玉米产量预测统计模型研究
[J]. 现代农业科学，2009，16 (3)：232 – 234，239.

[230] 周志祥. 试论我国当前的粮食生产 [J]. 中国农村经济，1986
(7)：9 – 12.

[231] 皱凤羽. 粮食经济地理 [M]. 北京：中国物资出版社，2011.

[232] 朱丹. 人力资本投资的成本收益分析 [M]. 上海：上海财经
大学出版社，1999.

[233] 朱钦龙，[日] 大成清. 木薯在猪饲料中的应用 [J]. 广东饲
料，1997 (6)：13 – 16.

[234] 朱信凯，夏薇. 论新常态下的粮食安全：中国粮食真的过剩了
吗？[J]. 华中农业大学学报（社会科学版），2015 (6)：1 – 10.

[235] 朱云香. 高粱饲用价值与单宁含量的关系 [J]. 国外农学杂粮
作物，1991 (2)：27.

[236] Backus G. B. C., V. Eildman and A. Dijkhuizen. Farm Decision
Making under Risk and Uncertainty [J]. Netherlands Journal of Agricultural
Science. 1997, 45 (2)：307 – 328.

[237] Bruce A. Babcock, Miguel Carriquiry. Prospects for Corn Ethanol
in Argentina [R]. Ames, Iowa：Iowa State University, 2012.

[238] Christopher Morehart. The Potentiality and the Consequences of Sur-
plus：Agricultural Production and Institutional Transformation in the Northern

Basin of Mexico [J]. Economic Anthropology, 2014 (1): 154 – 166.

[239] Edwards W. Behavioral Decision Theory [J]. Annual Review of Psychology, 1954, 12: 473 – 498.

[240] Enders W. , Siklos P. L. Cointegration and Threshold Adjustment [J]. Journal of Business and Economic Statistics, 2001, 19 (2): 166 – 176.

[241] Fabiosa J. F. , J. Hansen, H. Matthe, P. Suwen and T. Francis. Assessing China's Potential Import Demand for Distillers Dried Grain: Implications for Grain Trade [M]. CARD Staff Report. Paper13, 2009.

[242] Farrelld J. , Perez-maldonado R. A. Tannins in Feedstuffs Used in the Diets of Pigs and Poultry in Australia [C]. Brooker J. D. Tannins in Livestock and Human Nutrition: Proceedings of an International Workshop. Canberra: Australian Centre for International Agricultural Research, 1999: 24 – 29.

[243] Feng Hongli, Babcock, Bruce A. Impacts of Ethanol on Planted Acreage in Market Equilibrium [M]. CARD Working Papers, 2008.

[244] F. Popping. Problems of Surplus Production in a Developed Agriculture [J]. Agrekon, 1962 (4): 32 – 37.

[245] Franklin M. Fisher. A Theoretical Analysis of the Impact of Food Surplus Disposal on Agricultural Production in Recipient Countries [J]. American Journal of Agricaltural Economics, 1963, 45 (4): 863 – 875.

[246] Goldin I. , Kherallah M. The Uruguay Round and International Trade in Agricultural Products: Implications for Arab Countries [R]. Washington DC: International Monetary Fund, 1996.

[247] Griliches Z. Hybrid corn: An Exploration in the Economics of Technological Change [J]. Econometrica, 1957, 25 (4): 501 – 522.

[248] Hanson B. E. Testing for Structural Change in Conditional Models [J]. Journal of Econometrics, 2000b (97): 93 – 115.

[249] Harry de Gorter, David R. Just. The Welfare Economics of an Excise-Tax Exemption for Biofuels [Z]. Working Paper: Cornell University, Ithaca, New York 14853 – 7801.

[250] Heckscher E. The Effect of Foreign Trade on the Distribution of

Income, Eknomisk Tidskrift, pp. 497 – 512//A. E. A. Readings in the Theory of International Trade [M]. Blakiston, Philadelphia, 1949, pp. 272 – 300.

[251] Leontiy. Domestic Productopn and Foreign Trade: The American Capital Position Re-Examined, Proceedings of the American Philosophical Society, 1953 (97): 332 – 349.

[252] Lucas E. & Robert J. Adjust Cost and the Theory of Suppiy [J]. The Journal of Political Economy, 1967, 75 (4): 321 – 334.

[253] Main Pouliquen. Agricultural enlargement of the EU under Agenda 2000: Surplus of Farm Labour Versus Surplus of Farm Products [J]. Economics of Transitio, 1988, 6 (2): 505 – 522.

[254] Markham S. Distillers Dried Grains and Their Impact on Corn, Soymeal and Livestock Markets, USDA Agricultural Outlook Forum, 2005.

[255] Matthew S. Luchansky, James Monks. Supply and Demand Elasticities in the U. S. Ethanol Fuel Market [J]. Energy Economics, 2009 (31): 403 – 410.

[256] M. Ezekiel. A Statistical Examination of the Problem of Handling Annual Surpluses of Nonperishable Farm Products [J]. Journal of Farm Economics, 1929, 11 (2): 193 – 226.

[257] Mitchel B. Wallerstein. Food for War Food for Peace: United States Food Aid in a Global Context [M]. The MIT Press, Cambridge, MA, 1980.

[258] Muth A. Rational Expectations and the Theory of Price Movements [J]. Econometrica, 1961, 29 (3): 315 – 335.

[259] Nerlove M. Estimates of the Elasticities of Supply of Selected Commodities [J]. Journal of Farm Economics, 1956, 38 (2): 496 – 509.

[260] Newman J. U. S. Corn Prices Fall to Five-Year Low on Higher-than-Expected Supplies; Wheat Prices Also Falling, While Soybeans Are Up [N]. Wall Street Journal (Online), New York, N. Y, 2014 – 9 – 30.

[261] Popkin, Samuel L. The Rational Peasant: The Political Economy of Rural Society in Vietnam [M]. University of California Press, 1979.

[262] Robert W. F. Railroads and American Economic Growth Essays in Economic History [M]. Baltimore: The Johns: Hopkins University Press, 1964.

[263] R. Thamarajakshi. Intersectoral Terms of Trade and Marketed Surplus of Agricultural Produce, 1951 – 1952 to 1965 – 1966 [J]. Economic and Political Weekly, 1969, 4 (26): A91 – A102.

[264] Samuelson P. A. International Trade and the Equalization of Factor Price [J]. Economic Journal, 1948 (58): 181 – 197.

[265] Schultz T. W. Transforming Traditional Agriculture [M]. New Haven: Yale University Press, 1964.

[266] Sonia Arias. The Common Agricultural Policy and Developing Countiies: A Normative Analysis [D]. Washington DC: School for Summer and Continuing Education Georgetown University, 1992.

[267] The Problem of Surplus Farm Products [J]. Congressional Digest, 1962, 41 (4): 104.

[268] Tong H. Threshold Model in Non-liner Time Series Analysis [M]. New York: Spinger-Verlag, 1983.

[269] Utsa Patnaik. Contribution to the Output and Marketable Surplus of Agricultural Products by Cultivating Groups in India, 1960 – 61 [J]. Economic and Political Weekly, 1975, 10 (52): A90 – A93, A95 – A97, A99 – A100.

[270] Walker J. Samuel. Henry A. Wallace and American Foreign Policy. Greenwood Press, 1976: 30 – 31.

[271] Wilkinson G. Agricultural and the Problem of Surplus. Luxembourg: Office for Official Publications of the European Communities, 1980.

[272] Won W. Koo, Richard Taylor. An Economic Analysis of Corn-Based Ethanol Production [R]. Fargo, North Dakota: North Dakota State University, 2008.

[273] Yu X. , D. Abler. The Demand for Food Quality in Rural China [J] American Journal of Agricultural Economics, 2009, 91 (1): 57 – 69.

附 录

年份	公布时间	东北三省一区玉米收购价格（元/吨）				收储总量（万吨）
		黑龙江	吉林	辽宁	内蒙古	
2008	10 月 20 日	1480	1500	1520	1520	3320
2009	11 月 27 日	1480	1500	1520	1520	45
2010	1 月 7 日	1780	1800	1820	1820	850
2011	12 月 14 日	1960	1980	2000	2000	150
2012	11 月 15 日	2100	2120	2140	2140	3083
2013	7 月 3 日	2220	2240	2260	2260	6919
2014	11 月 25 日	2220	2240	2260	2260	8329
2015	9 月 7 日	2000	2000	2000	2000	12543

资料来源：根据国家发改委公开资料整理。

时段	方案类型	年均单产增量	累积单产增量	玉米播种面积	玉米预期总产量	玉米进口量	玉米总供给量
2020 年	方案 1	4.09	20.45	51979	21484	318	21802
	方案 2	5.72	28.60	51979	21907	318	22225
	方案 3	5.10	25.50	51979	21747	318	22065
	方案 4	5.70	28.50	51979	21902	318	22220
	方案 5	5.60	28.00	51979	21356	318	21674
2025 年	方案 1	4.09	40.90	56352	24444	318	24762
	方案 2	5.72	57.20	56352	25361	318	25679
	方案 3	5.10	51.00	56352	25015	318	25333
	方案 4	5.70	57.00	56352	25351	318	25669
	方案 5	5.60	56.00	56352	24167	318	24485

注：年均玉米单产增量、5 年累积单产增量单位为公斤/亩，玉米播种面积为万亩，玉米预期总产量、玉米进口量、玉米总供给量单位为万吨。2020 年以及 2025 年中国玉米产量预测值选用五种预测方案的平均值；表中玉米供给量根据 2010～2015 年中国玉米平均进口量和玉米预期总产量计算得到。

附录3　　　中国具有生产替代关系的主要农作物生产区域布局

省份	玉米	水稻	小麦	大豆	棉花	蔬菜
北京						
天津						
河北	√		√	√	√	√
山西	√		√			
内蒙古	√		√			
山东	√		√		√	√
辽宁	√			√		√
吉林	√			√		
黑龙江	√	√		√		
上海						
江苏		√	√		√	√
浙江		√				√
安徽		√	√	√	√	
江西		√			√	√
河南	√		√	√	√	√
湖北		√			√	√
湖南		√			√	√
广东		√				√
广西		√				√
福建		√				√
海南		√				√
四川	√	√	√			
贵州						
云南						
西藏						
陕西	√		√			
甘肃			√			
青海						
宁夏						
新疆	√		√		√	

注：表中"√"表示相对应的作物之间可以相互替代种植。

资料来源：杨春．中国主要粮食作物生产布局变迁及区位优化研究［M］．北京：中国农业出版社，2011．

附录4　　　　　　　　　玉米替代大豆带来的供给过剩量

年份	价格比变动单位 (0.01)	引起的玉米播种 面积增加（万亩）	玉米单产 （吨/亩）	玉米过剩量 （万吨）
2007	4.09	178.00	0.344	61.23
2008	7.32	318.57	0.370	117.87
2009	12.51	544.44	0.350	190.55
2010	16.34	711.12	0.354	251.74
2011	19.94	867.79	0.383	332.36
2012	14.99	652.36	0.391	255.07
2013	14.41	627.12	0.401	251.48
2014	18.96	825.14	0.387	319.33
2015	23.51	1023.16	0.392	401.08

注：玉米替代大豆的"价格比—播种面积"系数为43.52。

资料来源：表中数据由作者计算得到。

附录5　　　　　　　　　玉米替代小麦带来的供给过剩量

年份	价格比变动单位 (0.01)	引起的玉米播种 面积增加（万亩）	玉米单产 （吨/亩）	玉米过剩量 （万吨）
2007	10.39	637.11	0.344	219.17
2008	1.00	61.32	0.370	22.69
2009	2.25	137.97	0.350	48.29
2010	6.03	369.76	0.354	130.89
2011	13.52	829.05	0.383	317.52
2012	13.14	805.74	0.391	315.05
2013	3.84	235.47	0.401	94.42
2014	4.23	259.38	0.387	100.38
2015	5.96	365.47	0.392	143.26

注：玉米替代小麦的"价格比—播种面积"系数为61.32。

资料来源：表中数据由作者计算得到。

附录6　　　　　　　　　玉米替代棉花带来的供给过剩量

年份	价格比变动单位 (0.01)	引起的玉米播种 面积增加（万亩）	玉米单产 （吨/亩）	玉米过剩量 （万吨）
2007	5.29	253.02	0.344	87.04
2008	9.05	432.86	0.370	160.16
2009	9.18	439.08	0.350	153.68

年份	价格比变动单位（0.01）	引起的玉米播种面积增加（万亩）	玉米单产（吨/亩）	玉米过剩量（万吨）
2010	9.54	456.30	0.354	161.53
2011	8.80	420.90	0.383	161.21
2012	7.70	368.29	0.391	144.00
2013	3.87	185.10	0.401	74.23
2014	5.55	265.46	0.387	102.73
2015	10.64	508.91	0.392	199.49

注：玉米替代小麦的"价格比—播种面积"系数为10.87。

资料来源：表中数据由作者计算得到。

附录7　　　　　　　　玉米替代花生带来的供给过剩量

年份	价格比变动单位（0.01）	引起的玉米播种面积增加（万亩）	玉米单产（吨/亩）	玉米过剩量（万吨）
2007	6.14	185.74	0.344	63.89
2008	9.46	286.17	0.370	105.88
2009	0.54	16.30	0.350	5.72
2010	0.59	17.84	0.354	6.32
2011	0.47	14.22	0.383	5.45
2012	0.36	10.89	0.391	4.26
2013	12.97	392.34	0.401	157.33
2014	10.20	308.55	0.387	119.41
2015	10.25	310.06	0.392	121.54

注：玉米替代小麦的"价格比—播种面积"系数为30.25。

资料来源：表中数据由作者计算得到。

附录8　　　　　　　　玉米替代油菜带来的供给过剩量

年份	价格比变动单位（0.01）	引起的玉米播种面积增加（万亩）	玉米单产（吨/亩）	玉米过剩量（万吨）
2007	1.00	10.87	0.344	3.74
2008	3.41	37.07	0.370	13.71
2009	2.26	24.57	0.350	8.60
2010	1.00	10.87	0.354	3.85
2011	1.40	15.22	0.383	5.83
2012	1.70	18.48	0.391	7.23

续表

年份	价格比变动单位 (0.01)	引起的玉米播种 面积增加(万亩)	玉米单产 (吨/亩)	玉米过剩量 (万吨)
2013	1.20	13.04	0.401	5.23
2014	6.34	68.92	0.387	26.67
2015	8.16	88.70	0.392	34.77

注:玉米替代小麦的"价格比—播种面积"系数为47.82。

资料来源:表中数据由作者计算得到。

附录9　　　　　　　　　小麦与玉米饲料成分及营养价值比较

饲料成分类型	饲料成分名称	玉米	小麦	小麦—玉米
有效能值	猪消化能 (MJ/kg)	14.18	14.18	0
	鸡代谢能 (MJ/kg)	13.47	12.72	-0.75
常规营养成分	粗蛋白 (%)	7.80	13.40	5.60
	粗脂肪 (%)	3.50	1.70	-1.80
	总磷 (%)	0.27	0.41	0.14
	钙 (%)	0.09	0.17	0.08
氨基酸含量	赖氨酸 (%)	0.23	0.35	0.12
	蛋氨酸 (%)	0.15	0.21	0.06
	色氨酸 (%)	0.06	0.15	0.09
	苏氨酸 (%)	0.29	0.38	0.09
矿物质及维生素	铜 (mg/kg)	3.40	7.90	4.50
	铁 (mg/kg)	36.00	88.00	52.00
	锌 (mg/kg)	21.10	29.70	8.60
	锰 (mg/kg)	5.80	45.90	40.10
	硒 (mg/kg)	0.04	0.05	0.01
	亚油酸 (%)	2.20	0.59	-1.61

资料来源:熊本海,罗清尧,赵峰,庞之洪.中国饲料成分及营养价值表(2015年第26版)制订说明 [J]. 中国饲料,2015(21):23-33;熊本海,罗清尧,赵峰,庞之洪.中国饲料成分及营养价值表(2015年第26版)(续) [J]. 中国饲料,2015(22):34-39。

附录10　　　　　　　　小麦与玉米中非淀粉多糖的类型含量　　　　　单位:克/千克

原料类型	NSP	阿拉伯木糖醇	β-葡聚糖	纤维素	甘露聚糖	葡萄糖	尿酸
小麦	可溶	1.8	0.4	—	微量	0.2	微量
	不可溶	6.3	0.4	2.0	微量	0.1	0.2

原料类型	NSP	阿拉伯木糖醇	β-葡聚糖	纤维素	甘露聚糖	葡萄糖	尿酸
玉米	可溶	0.1	微量	—	微量	微量	微量
	不可溶	5.1	—	2.0	0.2	0.6	微量

资料来源：张变英，王芳. 小麦的饲用价值及小麦替代玉米在饲料中应用前景［J］. 中国畜牧兽医文摘，2015，31（2）：196-198.

附录 11　　　　　　　　　　　　不同替代比例下的肥育猪日粮配方

饲料原料	第Ⅰ组	第Ⅱ组	第Ⅲ组	第Ⅳ组	第Ⅴ组	第Ⅵ组
玉米（%）	56.70	45.36	34.02	22.68	11.34	0
豆粕（%）	16.60	16.60	16.60	16.60	16.60	16.60
小麦（%）	0	11.34	22.68	34.02	45.36	56.70
米糠（%）	3.00	3.00	3.00	3.00	3.00	3.00
米糠粕（%）	10.00	10.00	10.00	10.00	10.00	10.00
小麦麸（%）	2.30	2.20	2.15	2.10	2.05	2.00
小麦酶（%）	0	0.10	0.15	0.20	0.25	0.30
玉米胚芽粕（%）	8.00	8.00	8.00	8.00	8.00	8.00
石粉	1.31	1.31	1.31	1.31	1.31	1.31
食盐	0.38	0.38	0.38	0.38	0.38	0.38
碳酸氢钙	0.43	0.43	0.43	0.43	0.43	0.43
赖氨酸	0.28	0.28	0.28	0.28	0.28	0.28
预混料（%）	1.00	1.00	1.00	1.00	1.00	1.00
合计	100.00	100.00	100.00	100.00	100.00	100.00
配方成本（元/吨）	3012.89	2980.75	2962.38	2940.61	2911.34	2918.56
营养水平	—	—	—	—	—	—
消化能（MJ/kg）	13.58	13.55	13.52	13.49	13.47	13.44
蛋白质（%）	17.20	17.64	18.08	18.53	18.98	19.38
赖氨酸（%）	0.81	0.82	0.83	0.83	0.85	0.86
蛋氨酸（%）	0.28	0.28	0.28	0.28	0.29	0.30
钙（%）	0.72	0.73	0.74	0.75	0.76	0.77
总磷（%）	0.60	0.62	0.64	0.66	0.68	0.69
食盐	0.35	0.35	0.35	0.35	0.35	0.35

资料来源：饲料配方原料参考周孟清，宴和平，谢申伍. 小麦替代玉米对中猪生长性能的影响［J］. 畜禽业，2015（11）：24-26；饲料原料价格数据由2009～2015的价格数据平均得到，配方饲料成本的计算在饲料配方大师软件中完成。

后 记

　　本书是在我的博士论文的基础上完成的。该项研究从题目选定、框架构思、模型构建到实地调研，得到了行业内许多专家学者的鼎力支持。在研究的整个过程中，西南财经大学中国西部经济研究院胡小平研究员给予了悉心指导。在书稿的修改和完善过程中，四川农业大学党委书记庄天慧教授，四川农业大学党委常委、统战部部长杨锦秀教授，四川农业大学管理学院原院长傅新红教授，四川师范大学原副校长祁晓玲教授，四川师范大学经济与管理学院原院长曾令秋教授，西南财经大学中国西部经济研究院汪希成教授，西南财经大学中国西部经济研究院徐芳教授，西南财经大学中国西部经济研究院范丹副教授，西南财经大学经济学院黄俊兵副教授，成都高新科技创新投资发展集团有限公司发展部副部长黄城博士，成都大学高洪洋副教授，攀枝花学院毛运意博士等给予了大力支持。在该项研究的实地调研过程中，得到了四川省农业农村厅饲料兽药处、成都铁骑力士饲料公司等单位的帮助。在专著出版过程中，得到了西南政法大学经济学院各位领导的关心以及经济科学出版社的大力支持。在此一并表示诚挚的感谢。

　　本书是西南政法大学经济安全文库的重要组成部分。西南政法大学经济学院联合本校国家安全学院，以习近平总书记提出的"总体国家安全观"为指导思想，以维护国家经济安全为总体目标，以服务国家安全最高战略，全面系统地研究国家经济安全面临的重大问题，提出前瞻性、可行性建议，以服务教学科研，服务产业实践，服务国家安全决策。粮食安全与经济的持续发展息息相关。粮食安全是"国之大者"，是战略问题。习近平总书记高度重视粮食安全问题，多次提到"保障粮食安全是一个永恒的课题，任何时候都不能放松""确保国家粮食安全，把中国人的饭碗牢牢端在自己手中"。目前，中国粮食安全领域面临的最大挑战是饲料粮供需不平衡的问题，特别是玉米和大豆两个品种。

本书的研究聚焦中国玉米阶段性供给过剩问题。玉米供给过剩以及玉米供给短缺都是玉米供需不平衡的表现。2007年至今，中国玉米供给过剩和玉米供给短缺（紧平衡）交替出现，本书的研究解释了2007~2015年中国玉米阶段性供给过剩的形成原因。但当时没有预料到的是，中国玉米供需形势转变如此之快。2018年至今中国又出现了玉米供给短缺（紧平衡）的情况，关于中国玉米供给短缺（紧平衡）形成的原因以及应对策略是我感兴趣的研究课题。但遗憾的是，由于各种原因我尚未对该问题的阐述形成系统性论述，期待同行的专家学者在这个问题上有更深入的研究。

本书初稿形成于2017年，当时正值中国玉米供给过剩。国内出现粮食产量、库存量以及进口量三量齐增的现象，玉米去库存成为社会共识。2017年也是我国农业供给侧改革的关键期，当时选择研究玉米供给过剩的问题具有现实紧迫性和现实指导意义。

由于写作时间仓促、本人水平不足等原因，全书难免有错误和不足的地方，恳请广大读者批评指正！

范传棋

2022年10月16日于重庆